논어

삶에서 실천하는 고전의 지혜

삶에서 실천하는 고전의 지혜

논어

이남곡 지음

내가 인을 정말로 원하면 그 인이 이르러 온다

我欲仁 斯仁至矣

- 제7편 술이 29장

개정판 서문
삶에서 실천하는 고전의 지혜

모든 성인聖人들은 '아집'에서 벗어나라고 한다. 그런데 거의
모든 종교들은 아집을 강화한다. 종교의 근본모순이다. 이것은
종교가 권력화 되기 때문에 일어나는 일이다.

한국에서 공자는 석가와 함께 오랜 세월 가장 많은 영향을
끼친 성인이었지만, 이제 정치적·종교적 권력으로부터 자유로
워졌다. 중국보다도 오히려 한국에서 공자의 사상이 21세기가
요구하는 진정한 인문혁명의 훌륭한 길잡이로 될 수 있는 배
경이다.

물신物神의 지배와 각자도생의 차가운 이기주의로부터 벗어
나 해방된 개인들이 대동세상의 빛나는 구성원으로 되는 인류
의 꿈을 실현하는데 '논어'는 소중한 보배다. 나는 예순이 넘어
논어를 처음 접했지만, 인문운동가라는 정체성을 가지고 활동
하면서 이 점을 절실히 느꼈다. 이 책을 내고 나서 여러 면에서
논어의 내용들이 새롭게 다가왔다. 특히 수정하고 싶은 몇 구절
이 있었는데, 다행히 출판사에서 그것을 받아들여 마음의 짐을

덜게 되었다.

하나는 "공호이단 사해야이攻乎異端 斯害也已"라는 공자의 말이다. 강독회 때 모인 사람들이 제각기 자기가 가지고 있던 책을 가지고 모였는데, 전부 '이단을 행하면 해로울 뿐'이라고 번역을 하고 있었다. 나는 공자의 사상으로 볼 때 도저히 이런 해석을 받아들일 수 없어서, '이단'을 '극단'으로 바꿔서 해석을 하였다. 그런데 나중에 보니 그것이 주자의 해석으로 역사에 끼친 해악이 심각하다는 것을 알았다.

'자기와 다른 것을 공격하는 것은 해로울 뿐'이라는 해석이 공자의 뜻에 부합한다고 생각하여, 인문운동의 주요 테마로 이야기하여 왔다. 자기와 다른 것은 검토의 대상일 뿐 공격의 대상이 아닌 것이다. 이것은 '무지의 자각'을 탐구의 출발점으로 하는 공자의 과학적 태도로부터 당연한 것이다.

다른 하나는 지천명知天命에 대한 해석이었다. 처음 강독할 때는 그것을 '진리를 깨달았다'라는 식으로 이해했는데, 그것 또한 공자의 진리에 대한 탐구 태도와 맞지 않는다는 것을 알게 되었다. 그래서 천명天命을 분수分數로 이해하게 되었다. 자연과 인간 속에서 자신의 분수를 깨닫고 실천하는 것이다. 아마 이후로도 더 새롭게 보이는 부분들이 있을 것이다. 나는 한국이 중첩되는 내우외환의 위기를 극복하고 새로운 문명으로 진정한 문화적 고기압을 형성할 수 있기를 바라고 또 그렇게 할 수 있다고 믿는다.

2017년 2월 장수에서

이남곡

《논어》, 사람의 길을 말하다

아내와 나는 8년 전 전북 장수의 한 골짜기에 우리가 바라는 세상을 향해 또 한걸음 내딛기 위한 꿈을 간직한 채 정착하였다. 우리 부부와 몇몇 가까운 벗들이 자신을 성찰하고 서로 소통하기 위하여, 또 각자 지향하는 인간의 모습과 살고 싶은 사회의 모습을 그려보고 함께 모색하고 실천하기 위하여 고전을 같이 강독하자는 의견을 모았고 첫 책으로 《논어》를 선정했다.

　이후 우리는 2년여간 매주 1회씩 거의 빠짐없이 강독회를 가졌고 《논어》를 통해 공자라는 위대한 인간을 발견할 수 있었다. 한때 공자를 봉건 군주제와 가부장제의 옹호자로 생각하여 거부감을 가졌던 적도 있었다. 하지만 《논어》를 연찬研鑽(학문 등을 깊이 연구함)해 나가면서 차츰 아집이 없는 자유인, 실사구시의 과학적 인간, 화광동진和光同塵의 현실 참여적 인간, 그리고 소통의 달인을 만나는 즐거움 덕분에 아내와 나는 초기 정착의 어려움을 이겨낼 수 있었다.

이 책에서 나는 2500여 년을 경과하면서도 여전히 탁월한 견해로 보이는 공자의 인간에 대한 보편적 이해와, 실제로 공자가 당시 사회의 혼란을 넘어서기 위한 방법으로 과거의 문물로 돌아가려고 한 복고적 태도를 분리해서 보려고 하였다. 또한 공자가 보여준 인간과 사회에 대한 깊은 통찰을 희망찬 미래 사회를 열어가려는 현대적 요구와 만나게 하려고 노력하였다.

절사絶四, 네 가지를 끊고 대자유를 만나다

《논어》에는 공자의 사상이나 의식이 잘 나타나 있다. 그중에서도 네 가지 끊음, 즉 절사絶四(무의毋意, 무필毋必, 무고毋固, 무아毋我)를 보면 공자가 어떤 사람인지 분명하게 알 수 있다.

또한 절사는 적극적으로는 극기복례克己復禮와 충忠과 서恕를 일관되게 실천하면서 공자의 진리에 대한 탐구, 상호간의 소통, 일상의 삶, 사회적 실천에 이르기까지 모든 것의 바탕이 되고 있다.

노년의 이순耳順이나 종심소욕불유구從心所慾不踰矩의 대자유의 경지는 바로 이 네 가지 끊음이 완숙한 경지에 이르렀을 때 가능하다.

최근 들어 신자유주의의 경쟁이 야기하는 폐단의 심각성을 이야기하는 사람들이 많다.

"어떻게 하면 경쟁을 넘어 사람들이 자신의 능력을 즐겁게 그리고 마음껏 발현할 수 있게 할 수 있을까?"

이제 우리는 이 물음에 대답할 수 있어야 한다.

이런 측면에서 《논어》를 강독하는 내내 나는 공자가 일이관지一以貫之하였다는 충忠과 서恕야말로 이러한 현대적 과제에 잘 부응할 수 있다는 확신을 가지게 되었다.

공자는 소통의 달인이다.

"군자는 세상 모든 일에 옳다고 하는 것이 따로 없고 옳지 않다고 하는 것이 따로 없이 오직 의를 좇을 뿐이다."

"내가 아는 것이 있는가? 아는 것이 없다. 그러나 누구든 나에게 물어오면 어떤 편견도 없이 그 양 끝을 들추어서 끝까지 찾아보겠다."

《논어》 문장 가운데 특히 이 두 구절은 우리나라처럼 역사의 단축이라고 부를 만한 혁명적 변화를 수차례 경험한 나라, 따라서 서로 다른 여러 가치들이 다양한 스펙트럼으로 공존할 수밖에 없는 나라에서 진정한 탐구와 소통을 통한 국민 의사를 형성하는 데 시사하는 바가 크다고 하겠다.

흔히 공자의 사상을 단적으로 이야기하라고 하면 누구나 인仁이라고 답할 것이다. 우리는 이 책 전반에서 공자가 말한 인을 단지 품성론이나 윤리론에 가두지 않고 우주 자연계 안에서 진화한 인간이라는 특성을 지닌 생명체가 그 생명력을 무한히 확장하려는 작용이 인이 아닐까 하는 관점에서 살펴보았다. 그 단적인 표현으로, "박시제중博施濟衆(널리 은혜를 베풀고 대중을 구제함)이 최고의 인이다"라고 한 공자의 말에서 찾아볼 수 있다.

특히 그동안 인간의 오랜 노력으로 발전시켜온 인류 문명이 인간 상호간 그리고 인간과 자연 간에 여러 모순을 일으키고 있는 요즘, 우주적 생명력을 해치는 것이야말로 바로 불인不仁이라는 강력한 메시지를 발견한다.

인류 역사에 수많은 성현들이 있지만 공자가 그들과 달랐던 것은 그가 자신의 깨달음을 현실 속에서, 그것도 당시 주류사회 속에서 실천하려고 시도했다는 점이다. 이것은 현상의 세계와 마음의 세계가 통합되어야 하는 현대적 과제에 많은 영감을 주고 있다.

공자는 대단히 유쾌하고 자유로우면서 인간의 생명력을 무한히 확장하려는 인간의 모습으로 군자君子라는 모델을 제시하였다. 이것은 공자 사후 2500년이 지난 오늘날 신인류의 보편적 인간상을 그려보는 데 큰 기여를 할 것으로 보인다.

지금의 세계 정세를 보면 물질과 제도의 측면에서 괄목할 만한 진척이 있음에도 불구하고 전쟁과 환경 파괴, 그리고 양극화 같은 과제들이 인류의 미래를 위협하고 있다. 그리하여 지금의 세계 자본주의는 질적 변화가 크게 없는 한 대단히 위태로운 걸음을 하고 있다. 이제 제도나 물질만으로 당면한 문제를 해결하는 것은 어려운 시기에 봉착했다.

여기에는 무엇보다 인류 의식의 질적 변화와 생활 혁명이 요구된다. 즉 새로운 문명을 향한 대장정이 인류사적 차원에서 필요하게 된 것이다. 우리는 이것을 신인문운동이라고 부르려고 한다.

우리가 생각하는 인문운동의 주요 내용은 다음과 같다.

첫째, 물질(돈) 중심 사회로부터 인간 중심 사회로의 변화

둘째, 자기중심성을 넘어서는 의식의 진화

셋째, 진정한 종교개혁을 통한 보통 사람의 성화聖化

그 첫걸음으로 《논어》와 같은 고전이 현대인의 마음속에서 되살아나 인류 미래의 빛이 되기를 간절히 기대해본다.

그동안 《논어》 연찬·강독을 추진해서 이 책을 낼 수 있게 힘

을 준 사랑하는 아내 故서혜란 님의 영전에 이 책을 바친다. 또한 함께 강독을 했던 수많은 분들이 아니었다면 이 책은 세상에 나오지 못했을 것이다. 끝으로 출판을 결정해준 한겨레출판사 (휴)에 감사드리며, 특히 마음을 다해 편집해준 편집자에게 고마운 마음을 전한다.

2012년 2월 장수에서

이남곡

목차

여러 사람이 미워하여도, 좋아하여도 반드시 살핀다

오직 의를 좇을 뿐이다

無適無莫 義之與比

공자께서 말씀하셨다.

"군자는 세상 모든 일에 옳다고 하는 것이 따로 없고 옳지 않다고 하는 것도 따로 없이 오직 의를 좇을 뿐이다."

子曰, 君子之於天下也, 無適也, 無莫也, 義之與比

— 제4편 이인 10장

"옳다고 하는 것이 따로 없고 옳지 않다고 하는 것도 따로 없다無適也, 無莫也."

이 말은 어떤 선입관이나 편견에 사로잡히지 않고 실상을 있는 그대로 보려는 것이다.

보통 의義라고 하면 개인적·집단적 확신이 바탕이 되는 경우가 많다. 그래서 확신이 강하면 강할수록 자기와 이견을 보이는 개인이나 집단과 충돌이 커지게 된다. 한쪽에서는 의인데 다른 무리에게는 불의가 되는 경우가 비일비재하기 때문이다.

그런데 공자의 말은 그 근본이 다르다. "무적무막無適無莫이면서도 오직 의를 좇을 뿐이다"라고 말한다. 여기에서 공자의 진면목을 살펴볼 수 있다.

의義는 공의公意로 형성된다. 공의를 형성하는 과정은 말하자면 연찬研鑽 같은 것이다. 여기에서 연찬이란 단정하거나 주관에 사로잡히지 않고 끝까지 '의란 무엇인가?'를 탐구하는 방식을 의미한다. 그러나 이런 방식을 사회 운영에 적용하게 되기까지는 오랜 세월을 기다려야만 했다. 민주화가 진전되고, 인지人知가 보편적으로 발달하고, 물질적·제도적 환경이 진보한 현대사회에 와서야 비로소 공자의 방식이 사회의 구체적 운영 원리로 쓰일 수 있게 된 것이다.

공의로 형성된 의는 말하자면 무타협無妥協의 세계다. 즉 자신의 생각이 틀림없다고 확신하는 개인이나 집단이 또 다른 확신을 갖는 개인이나 집단과 만나서 문제를 풀어나가는 방식은 서로의 주장을 조금씩 양보하여 타협하거나 끝까지 비타협적으로 투쟁하여 결국 힘으로 관철하는 것이다.

반면 연찬 방식은 '누가 옳은가?'를 서로 다투는 것이 아니라, '무엇이 옳은가?'를 함께 탐구하는 과정이기 때문에 굳이 타협이나 비타협이 필요 없다.

우리는 늘 크고 작은 과제에 직면하며 그때그때 선택을 해야 한다. 그런데 안타깝게도 아직은 과거의 습성에 따라 단정하거나 주관적 확신에 바탕을 두고 상호간에 대립하거나 거칠게 타협과 비타협의 세계를 오고간다. 이익이나 주관에 따른 사고방식은 확신에 차면 찰수록 그 시대의 의를 발견하는 데서 멀어진다. 모든 지식과 정보가 자신의 생각을 강화하는 쪽으로 일방적으로 수집되고 조립되기 때문이다.

모든 지식과 정보를 광범위하게 받아들여 최선의 결론을 도출하는 것이 무타협의 연찬 방식이다. 일단 결론이 나왔다고 하더라도 고정된 것이 아니어서, 시대와 사회가 변하면 새로운 공의가 형성될 수 있다(시공을 초월하여 관철되는 보편정신 등은 형이상학적·사변적 논의의 대상이므로 여기서는 언급을 피한다).

지금의 실정에서 보면 꿈같은 이야기라고 비웃을 사람도 있겠지만, 이러한 방식은 민주주의의 궁극적 이상이기 때문에 사람들이 공의를 형성하는 올바른 방법을 발견하고 실천한다면 충분히 달성할 수 있는 목표다.

●

풍기가 문란한 마을로 이름난 호향에서 온 젊은이가 공자를 만나기 원했다. 그러나 제자들이 이를 꺼리자 공자께서 말씀하셨다.

"그가 앞으로 나오려 하면 같이하고, 뒤로 물러나려 하면 같이하지 않는 것이니, 어찌 무작정 심하게만 대하랴. 사람이 자신을 깨끗이 하여 나아오면 그 깨끗함을 받아줄 것이요, 과거의 깨끗지 못함은 마음에 둘 일이 아니다."

사람들은 보통 상대의 출신, 부모, 고향, 학교 등을 통해 판단하고, 과거의 꼬리표를 붙여 재단한다. 선입견이란 참 무서워서 한 번 나쁜 사람이라고 생각하면 영원히 나쁜 사람이라는 고정관념을 갖게 된다. 공자의 이 일화는 그러한 고정관념을 부수는 경구로 새길 만하다.

공자는 사람을 평가할 때 다음과 같아야 한다고 말한다.

"여러 사람이 미워하여도 반드시 살피며, 여러 사람이 좋아하여도 반드시 살펴야 한다衆惡之 必察焉 衆好之 必察焉."

즉 사람을 평가하는 데 함부로 단정해서는 안 된다는 중요한 진리를 일깨우고 있다. 비록 세상 사람들이 모두 "저 사람은 틀렸다"라고 비난해도 '정말 그런가?' 하고 깊이 생각해봐야 한다. 공자는 이것을 '필찰必察'이라고 표현한 것이다. 필찰은 뭔가 흠을 잡아내는 것이 아니라, 선입견과 아집으로 잘못 판단하기 쉬운 것을 돌이켜보게 한다.

이것은 다른 사람을 평가할 때뿐만 아니라, 자신을 살펴볼 때도 중요하다. 공자는 제자 안회를 이상적인 인간상에 가장 근접하다고 생각했다.

그런데 평소 제자 안회를 지극히 아낀 공자가 그에 대해 다음과 같이 말한 바가 있다.

"안회는 나에게 도움을 주는 사람이 아니다. 나의 말에 기뻐하지 않는 바가 없으니回也 非助我者也 於吾言 無所不說."

여기서 '안회는 나를 돕는 자가 아니다非助我者'라는 말은 극찬의 반어법이라고 할 수 있지만, 말 그대로 공자의 솔직한 심정이라고도 할 수 있다. 진리를 향해 나아가는 데는 동조자보다 비판자가 도움이 된다. 비판을 좋아해야 진리를 향해 나아갈 수 있기 때문이다.

비판을 두려워하지 않는 공자의 호학好學하는 태도야말로 공자가 진정한 의미에서 위대해질 수 있었던 품성이다. 보통 사람들은 비판자를 싫어하고, 동조자는 자신을 돕는다고 여겨 좋아한다. 그러나 공자는 동조가 단정斷定을 심화시킬 수 있음을 갈파한 것이다.

"나를 비판하는 자야말로 나를 진정으로 돕는 자다."

이런 열린 생각이 마음속 깊이 자리 잡는다면 그 개인과 사회는 완성을 향해 나아갈 수 있다.

평소 마음에 안 드는 사람이나 상대하기 힘든 사람이 있다면 공자의 말을 떠올려보자. 그 사람이야말로 나의 성찰과 수행의 최고 파트너로 하늘이 점지해준 사람이라고 말이다. 상대를 통해 나를 돌아보고, 바로 거기서부터 완성을 향해 한걸음 더 나아갈 수 있으니 어찌 고마운 존재가 아니겠는가.

진정한 위엄은 부드러움에서 나온다

學則不固

공자께서 말씀하셨다.

"군자는 무겁지 않으면 위엄이 없고 배워도 완고하지 않다.
충忠과 신信을 중심으로 자신보다 못한 사람과 벗하지 말며,
허물이 있거든 거리낌 없이 고칠 일이다."

子曰, 君子不重則不威 學則不固 主忠信 無友不如己者 過則
勿憚改

— 제1편 학이 8장

무겁다는 것은 중심이 잡혀 흔들리지 않는 것이다. 흔들리지
않으려면 뿌리를 튼튼히 내려야 한다. 그렇다면 어디에 뿌리를
내릴 것인가? 공자는 그 뿌리를 충忠과 신信에 내려야 한다고
말한다. 이때 충과 신은 둘 다 자기중심성을 넘어서는 것이다.

 군자의 위엄은 흔히 말하는 무게를 잡는다거나 권위주의적
태도와는 본질적으로 다르다. 사람의 관념은 완고해지기 쉬운
경향이 있다. 인간이란 자신이 우연히 접한 지식이나 정보를 놓
고도 얼마나 빨리 "이것이 옳다" "이것이 분명하다" 하고 자신

도 모르게 확신하는 때가 많은가.

따라서 진실에 바탕을 둔 진정한 위엄은 완고해지기 쉬운 경향으로부터 자유로워질 때 비로소 세워질 수 있다.

학즉불고學則不固를 '배워도 견고하지 못하다'라고 해석하는 경우가 많은데, '무거움重'이나 '위엄威'과 이어지는 뜻에서 '고固'를 '견고함'으로 해석하기 때문인 듯하다.

그러나 《논어》 전편에 흐르는 공자의 태도로 볼 때 이는 '배워도 완고하지 않다'로 풀이하는 것이 옳다. 무거움重과 완고하지 않음不固의 절묘한 조화야말로 공자가 한결같이 추구한 사상적 특징이기 때문이다. 이 조화를 읽어낼 수 있을 때 비로소 《논어》가 우리 사회에 던지는 메시지를 제대로 이해할 수 있을 것이다.

공자는 아집을 경계했고, 그로부터 자유로운 사람이었다. 혹시 허물이 있더라도 아집이 없는 사람은 허물을 고칠 수 있지만, 완고한 사람은 허물을 고치기가 매우 어렵다. 완고한 사람의 경우 배우면 배울수록 오히려 완고함이 더해질 뿐이다.

"자신보다 못한 사람과 벗하지 말라."

이 문장을 읽다 보면 공자 같은 사상가가 왜 이렇게 극단적인 말을 했을까 의아해할 수 있을 것이다. 그러나 이 말은 자기보다 못한 사람을 무시하라는 뜻이 아니다. 보통 사람들은 의식적으로든 무의식적으로든 자기가 대하기 쉬운 사람과 사귀려는 경향이 강하다. 사람을 사귈 때 가르치려고 하기보다 배우려는 자세로 사귀어야 자신의 허물을 지적받고 그것을 고치기 쉽다. 공자는 이 점을 지적한 것이다.

요즘 "스승이 없다"는 말을 많이 한다. 하지만 좀 더 정확하게 살펴보면 스승이 없는 것이 아니라 배우려고 하지 않는 완고한 내 마음 때문은 아닐까 스스로를 돌이켜볼 일이다.

●

"무겁지 않으면 위엄이 없으며, 배워도 완고하지 않다."

이 구절은 현대사회가 요구하는 리더십과 관련해 많은 영감을 던져준다.

과연 오늘날 필요로 하는 진정한 리더십이란 어떤 것일까? 우리는 반세기 만에 산업화와 민주화를 상당한 수준으로 발전시켰고, 이제는 우리 사회를 한 단계 업그레이드해야 하는 시점에 와 있다. 그중에서도 가장 필요한 것이 리더십이다. 이러한 리더십은 부드럽고 유연한 권위에서 나온다.

근대 이전의 전체주의 사회에서 유연한 권위는 뛰어난 왕이나 지도자만이 실현할 수 있는 위정자 한 사람의 덕목이었다. 그러나 민주주의 사회에 이르러서는 제도와 부합하는 보편적 덕목이 되었다.

민주주의와 생산력의 확대를 통해 현대사회는 공자와 같은 성현만이 펼쳐 보인 이상을 일반 시민에까지 보편화할 수 있는 수준에 이르렀다. 그동안 민주화와 탈권위주의의 세례를 받은 우리 국민에게 더 이상 고집스러운 일관성, 불도저식 추진력은 어울리지 않는다.

시대정신에 충직한 일관성과 자기중심성을 넘어 소통하는 유연성이야말로 우리 사회가 오랫동안 기다려온 리더십의 요체라 할 수 있다. 만약 이런 시대정신에 부합하지 못할 때는 정치, 기업, 진보운동 어느 하나도 성공할 수 없는 시대에 살아야 한다.

　현재 권력이나 부를 누리고 있는 기득권층의 의식 변화는 일반 시민들의 의식 변화보다 뒤떨어질 수가 있다. 이들의 입장에서는 기득권을 지키는 것이 훨씬 더 유리하므로 변화를 거부할 수 있다. 그런 면에서 보면 성숙한 시민의식이야말로 새로운 리더십을 만들어갈 배경이 된다고 할 수 있다.

생각만 하고 배움이 없으면 위태롭다

思而不學則殆

공자께서 말씀하셨다.

"옛것을 익히고 새로운 것을 알아가면 능히 남의 스승이 될 수 있다."

子曰, 溫故而知新 可以爲師矣

— 제2편 위정 11장

공자께서 말씀하셨다.

"배우기만 하고 생각하지 않으면 어둡고, 생각만 하고 배우지 않으면 위태롭다."

子曰, 學而不思則罔 思而不學則殆

— 제2편 위정 15장

온고溫故와 지신知新은 인류의 역사가 진전해온 원리를 가리키는 말이다. 길게 보면 이 길을 밟지 않고 온 진보는 없다. 그러나 짧은 시기를 놓고 보면 이 둘이 별개처럼 보일 때도 있다.

온고가 지나치게 강조되는 때가 있는가 하면, 지신이 특히 강조되는 때도 있다. 요즘의 병폐 중 하나는 이 둘이 서로 어우러지지 않고 제각각인 경우다.

자연과학이나 기술의 세계에서는 온고지신이 자연스럽게 받아들여진다. 어느 때 옛것을 부정하고 새로운 것이 나오는 것처럼 보이더라도, 잘 살펴보면 옛것을 충분히 익혔을 때 신제품이 탄생하고, 전면적인 부정이라기보다는 오히려 내용이 더욱 확장되고 깊어지는 경우가 대부분이다. 예컨대 아인슈타인 물리학은 뉴턴 물리학을 부정하고 나온 것이 아니다. 보통의 시공간에서는 뉴턴의 원리가 맞지만, 더 확장된 시공간에서는 뉴턴의 원리가 설명하지 못하는 것을 아인슈타인 물리학이 설명하고 있기 때문이다. 즉 아인슈타인은 뉴턴의 원리를 좀 더 보편적인 세계로 확장하고 심화시켰다고 할 수 있다.

그런데 인간이나 사회에 대해서는 그렇게 받아들이지 않는 경우를 자주 접하게 된다. 보수와 진보가 대화하지 못하고 평행선을 달리는 경우도 그 예가 될 수 있다. 특히 현대문명에 대한 전면적인 부정이나 급진적 생태주의를 보면 인간 역사 발전의 보편적 이치에서 벗어났다는 느낌을 갖게 한다.

온고가 없는 지신은 공허하고, 지신으로 나아가지 못하는 온고는 답답하다. 진실을 추구하려면 진보를 표방하는 집단일수록 온고에 더욱 마음을 쓰고, 보수를 이야기하는 집단일수록 지신에 마음을 더 열어야 한다.

일부 배웠다는 사람들 중에는 스스로 생각하지 않고學而不思 "어느 책에서 봤더니" "누가 그렇게 이야기 하더라"면서 자신이 우연히 알게 된 것을 마치 고정불변의 진실이라고 생각하는 사람들이 있다. 자기가 어디서 듣거나 배운 것이 우연찮게 만나 알게 된 것인데도 "그것이 틀림없다"고 철석같이 믿어버린다.

공자는 이런 사람을 어둡다圈고 표현했다. 이런 사람은 자기 생각이 없어 유연해 보일 수 있지만, 사실은 대단히 완고하다. 개인의 삶에 한정하면 그저 답답한 정도로 끝나겠지만, 사회적 실천이나 종교와 연관될 때 그 폐단은 자못 심각해진다. 만약 이런 사람이 종교인이 된다면 경전 한 구절을 자신이 아는 것과 다르게 해석하는 것도 큰일 나는 것처럼 여긴다. 자기가 믿고 있는 것도 하나의 견해에 불과하다는 것은 미처 생각하지 못한 채 말이다.

이런 현상은 비단 종교에만 그치지 않고 사회변혁운동에서 도 종종 나타난다. 교조주의에 빠져 독선을 일삼는 사람들이 대표적이다.

이와 반대로 배우지 않고 자기 생각대로 하는 사이불학思而不學의 폐단 또한 배우지만 생각하지 않는 학이불사學而不思 못지않게 심각하다. 공자가 사이불학을 '위태롭다'고 표현한 것으로 보아 이것을 훨씬 더 심각하게 여긴 듯하다.

보편적으로 검증된 지혜를 배우지 않고 자기 생각만 믿는 것은 주관적 환상이나 외골수에 빠지기 쉽다. 그런데 의외로 이런 사람들이 적지 않다. 보통 처음 일을 하면서도 다른 사람에게 잘 묻지 않거나 자기 생각대로 일을 처리하는 사람들이 이런 실수를 저지른다.

귀농한 지 얼마 안 된 사람이 과수원에서 사과나무 가지치기를 하는데 자기 생각대로 관상용 분재를 만들어놓았다는 이야기를 들은 적이 있다.

생각만 하다 보면 외골수에 빠지기 쉽다. 공자도 "내 일찍이 종일토록 먹지 않고 밤새도록 자지 않으며 사색思해보았으나 무익해 배우는 것學만 못하였다"고 말한 적이 있다.

사이불학思而不學이 집단이나 사회운동에 나타나면 그 폐단은 더욱 심각하다. 흔히 모험주의나 맹동주의 등이 이런 위험성에 쉽게 노출될 수 있으니 주의할 일이다.

●

인류가 지구상에 출현한 이래 다른 생명체와 구별되는 진화를 거듭해올 수 있었던 것은 높은 자유 욕구와 지적 능력에 힘입은 바 크다. 인류가 자연적·물질적·사회적 제약으로부터 자유를 확대해온 것 역시 자유 욕구가 커다란 동기가 되었고, 지적 능력이 추진력이 되었기 때문에 가능했다.

그러다 마침내 인류의 진화는 보통 사람들이 인간 관념이 갖는 부자유의 원천인 아집으로부터 자유를 추구하는 단계에까지 도달했다. 아집은 자기중심적인 완고한 관념이다. 이 완고함으로부터 자유로워질 때 비로소 최고 수준의 자유에 도달할 수 있다.

과거에 이것은 특별한 성인의 세계였으며 종교의 영역에 속하는 것으로 여겨졌다. 그러나 이제는 보통 사람들의 지성으로도 추구할 수 있는 세계가 되었다. 이는 인류 진화의 측면에서 보면 지극히 자연스러운 진보라 하겠다. 물론 여기에 저항하고 거부하는 흐름도 분명히 존재한다.

우선 완고한 이념체계를 들 수 있다. 마르크스주의는 스스로 과학을 표방했지만, 실제로는 사람과 사회에 대한 자기류의 단정에 기초함으로써 과학과 멀어지고 말았다. 이른바 공산당의 권력을 위한 무오류의 사상이론으로 자리 잡으면서 가장 완고한 종교 중 하나가 되고 만 것이다. 특히 북한에서는 개인숭배로 왜곡되어 마침내 3대 세습이라는 시대착오적 형태로 나타나고 있다.

나아가 모든 종류의 독선과 아집은 반지성적인 성격을 가지고 있다. 소수 지배층의 이익을 위해 견강부회牽强附會하는 사람이나 집단은 알기 쉬운 예이지만 이것 못지않게 그럴 듯하게 보이는 사상 이론도 권력과 결합하여 완고해지는 순간 반지성적이 되고 만다. 여론몰이 식의 대중주의도 현대사회가 빠지기 쉬운 함정이다.

또 다른 한 가지는 종교계의 완고한 관념이다. 자신이 믿는 신과 교리만이 절대적으로 옳으며, 다른 신이나 교리는 잘못되었다고 믿는 아집이다.

우리나라는 다종교국가로 그동안 종교간 평화 공존이 이루어져 온 아름다운 전통을 가지고 있다. 그런데 요즈음 일부 종교인들의 공격적 태도는 큰 우려를 자아낸다. 타 종교에 대한 공격적 태도는 반지성적 태도에서 나온다. 나는 특정 종교를 신봉하지 않지만 모든 고등종교와 종교인을 존경하는 사람으로서 불성佛性이나 영성靈性은 인간의 가장 고귀한 지성이라고 생각한다.

그런데 불성이나 영성을 '인간 지성 밖에 있는 어떤 것'이라고 생각하고, 진리는 인간 지성을 통해서 파악되는 것이 아니라 직접 초월자로부터 오는 것이라고 생각해 버리면 내가 믿는 것만이 진리가 되어버린다. 이런 태도는 원천적으로 다른 사람의 생각을 받아들일 수 없게 만든다.

사실 무엇을 믿는다는 행위는 결국 자신의 판단력에 대한 믿음, 즉 지성 안에 속하는 행위라 할 수 있다. 인간 뇌수의 작용인 것이다. 그런데 애써 이러한 사실을 부인하는 것은, 이것을 인정하는 것이 마치 신성을 모독하는 것이라고 여기기 때문이다. 하지만 인간 지성에 대한 신뢰와 신성모독은 아무런 상관이 없다. 오히려 인간의 불완전한 지적 능력을 가지고 '이것이 신성이다'고 단정하는 완고한 관념이야말로 자신들이 믿는 신에 대한 모독이 아닐까 싶다.

우주 자연의 신비는 인간의 지적 능력을 넘어설 수 있지만, 그것을 인식하고 믿는 행위는 인간의 지성에 속하는 것이라는 겸허한 입장이야말로 성숙하고 진리에 어울리는 태도라 하겠다. 또 다른 하나는 극단적 문명 거부론이다. 요즘 일부 급진적인 사람들 중에는 "지금까지 인류가 걸어온 길이 과연 진보인가?" 하고 되물으며 문명 자체를 근본적으로 부정하기도 한다. 물론 인간 중심의 약탈적 자연 개발이 인류가 봉착하고 있는 총체적 위기의 원인이라는 생각에 동의한다. 그러나 그 위기를 깨닫고 자연과의 조화를 바탕으로 새로운 문명을 창조하는 데서 해결책을 찾으려는 것 또한 인간의 지성이다.

자연 생태계의 조화를 중요하게 인식하는 것과 우주 자연계 안에서 인간의 특성을 이해하고 그것을 잘 살리려는 노력은 서로 모순되는 것이 아니다. 문명 이전의 원시부족 생활은 인류학적으로 보호되어야 할 대상일 수는 있어도 그것이 인류의 대안일 수는 없다.

따라서 과도하게 문명을 부정하고 원시문화를 동경하는 것은 지성적인 태도라고 보기 어렵다.

인류 진보의 보편성은 앞으로 나아가는 것이지 정체나 후퇴가 아니다. 인간의 지성도 고정되어 있지 않고 진화하는 것이다. 그 종착점이 어디인지는 모르지만, 아마도 우리가 신성神性이나 불성佛性이라 부르는 그곳일지도 모른다.

최근 들어 《논어》를 다시 접하면서 '왜 과거에 공자 사상의 탁월함, 특히 인간 지성에 대한 태도를 알아보지 못하고 그렇게 비판했을까' 하는 자괴감이 들 때가 많다. 이런 편견을 갖게 된데 나의 태도가 옳지 않았던 것은 두말할 나위가 없다.

하지만 공자의 사상이 왕조 시대에 권력을 합리화하는 수단으로 악용돼 완고한 관념으로 변질된 것도 일찍이 공자와 그의 사상을 알아보지 못한 이유 중 하나였다.

최근 중국에서 공자 바람이 불고 있는데, 또 다시 국가의 권력 이데올로기로 굳어져 공자와는 관계가 없는 반지성적인 완고한 관념으로 변질되지 않을까 염려스럽다.

배우기를 좋아하지 않으면 나타나는 폐단

不如丘之好學也

공자께서 말씀하셨다.

"열 집이 사는 작은 고을일지라도 충忠과 신信에서는 나와 같은 사람이 반드시 있겠지만, 나만큼 배우기 좋아하는 사람은 없을 것이다."

子曰, 十室之邑 必有忠信如丘者焉 不如丘之好學也

— 제5편 공야장 28장

공자께서 자로에게 말씀하셨다.

"유야, 너는 육언육폐六言六蔽라는 말을 들어본 적이 있느냐?"

자로가 대답했다.

"아직 듣지 못했습니다."

"앉거라. 내가 그 폐단에 관해 말해주겠다. 인을 좋아한다면서 배우기를 싫어하면 어리석어지고, 지혜를 좋아한다면서 배우기를 싫어하면 허황해지며, 신의를 좋아한다면서 배우기를 싫어하면 의를 해치게 되고, 정직함을 좋아한다면서 배우

기를 싫어하면 가혹해지며, 용기를 좋아한다면서 배우기를
싫어하면 난폭해지고, 굳세기를 좋아한다면서 배우기를 싫어
하면 무모해진다."

子曰, 由也 女聞六言六蔽矣乎 對曰, 未也 居 吾語女 好仁不好
學 其蔽也愚 好知不好學 其蔽也蕩 好信不好學 其蔽也賊 好
直不好學 其蔽也絞 好勇不好學 其蔽也亂 好剛不好學 其蔽也
狂

— 제17편 양화 8장

이 구절은 그야말로 공자의 진면목을 잘 보여주는 말이다. 배
우기를 좋아한다는 것은 공부 잘하는 학생이 공부를 좋아하는
것과는 다르다. 여기에서 배운다는 것은 아집이 없는 상태에서
끝까지 진리를 탐구하는 태도를 의미한다. 충忠과 신信만 하더
라도 자기중심성을 넘어선 높은 단계로, 이를 실천하는 사람은
적지 않지만, 아집이 없는 사람은 정말로 드물다.

어떤 선입관에도 고정되지 않고 주관에 사로잡히지 않으며,
진리를 끝까지 찾아 나서는 단계, 그리하여 완전히 열려있는 상
태가 될 때 비로소 배우는 것을 좋아하고 즐길 수 있게 된다.

배우기를 즐기는 성인聖人의 모습, 이것이 공자가 가진 최대
매력이다. 공자가 자기 스스로를 평가하여 "학문에 열중하면
식사를 잊고 도를 즐기면 근심을 잊어 늙음이 장차 닥쳐오는 것
조차 모른다"고 말한 구절에서 잘 찾아볼 수 있다.

다음 문장에서 호학好學의 의미가 구체적으로 드러난다.

인仁·지知·신信·직直·용勇·강剛은 군자의 육덕六德이다. 그

런데 공자는 이 육덕을 좋아한다면서도 육폐六蔽가 될 수 있음을 경계하고 있다. 그렇다면 육덕과 육폐의 갈림은 어디에 있을까? 바로 호학 여부에 달려있다.

그렇다면 호학이란 어떤 의미일까? 배움은 '나는 모른다'에서 출발하여 '무엇이 진리인가?'를 끊임없이 물어가는 과정이다. '내가 알고 있는 것이 진리다' '내 생각은 틀림이 없다'라고 생각하는 순간 배움과는 거리가 멀어진다.

자기주장을 합리화하거나 고착시키려는 공부는 진정한 배움의 길이 아니다. 단정하거나 고정된 관념 없이 '진리란 무엇인가'를 끝까지 묻는 태도를 가질 때 배움이라 할 수 있다. 이러한 과정을 좋아하고 즐기는 것이 호학이다.

공자는 무아를 직접 거론하지는 않았지만 구체적으로 무아에 이르는 실천을 대단히 중시했다. 배우기를 좋아하지 않는 덕, 즉 자기류自己流로 고정된 덕은 아무리 교묘하게 치장하더라도 폐단이 나타날 수밖에 없음을 지적하고 있다.

그런데 인仁을 좋아하면서 배우기를 좋아하지 않는다는 것은 무슨 의미일까? 관념적으로 스스로 인을 좋아한다고 생각하거나 인을 지향하는 삶을 살고자 하는데 아집 때문에 자기류에 머물러 완고해지기 쉽다는 위험성을 지적한 말이다.

지知를 좋아하면서 배우기를 좋아하지 않는다면 실사구시實事求是하는 것과는 거리가 멀다. 그리고 온고지신도 할 수 없다. 결국 자신의 이론이나 논리에 매몰되어 공허해지고 진리와는 멀어진다.

신信을 귀하게 여기면서 배우기를 좋아하지 않는다는 말은 깡패의 의리와 유사하다. 아집이 바탕이 된 신의라는 것은 결국 좋지 않은 편 가름이 되기 쉽다.

처음에는 대의에서 출발했다가 나중에 대의는 사라지고 의리만 남는 경우를 역사에서 수없이 찾아볼 수 있는데, 이때 말하는 의리가 아집의 폐해다.

곧음直이 아집과 결합되면 자신뿐만 아니라 다른 사람들도 힘들게 하는 경우가 많다. 스스로는 진리를 향해 곧게 살려고 해도 열린 자세로 배우는 것을 좋아하지 않으면 가혹해지고 만다. 이런 사람이나 집단은 확신이 강할수록 큰 해악을 끼친다. 만약 이들이 권력을 잡는다면 무자비한 숙청의 칼바람이 불 수도 있다.

용勇을 좋아하는데 배우기를 좋아하지 않으면 그 폐해가 난亂이라고 지적한 말도 수긍이 간다. 자로가 "군자는 용勇을 숭상합니까?" 하고 묻자 공자는 "군자는 의義를 가장 높이 숭상한다. 군자가 용기가 있되 의가 없으면 난을 일으키고, 소인이 용기가 있되 의가 없으면 도둑이 된다"고 말한 것이다.

강剛하기는 하되 배우기를 좋아하지 않으면 극단에 흐르기 쉽다. 무엇인가에 미치는 것狂이다. 이른바 광신자의 반지성적 열정이 얼마나 큰 해악이 되는지는 여러 역사적 사건을 통해 어렵지 않게 찾아볼 수 있다.

●

공자를 가리켜 왜 성인이라고 하는가? 그가 인仁을 주창해서일까?

'인을 좋아한다면서 배우기를 싫어하면 어리석어진다'는 말에서도 알 수 있듯이 인을 주창하는 것만으로는 성인이라고 할 수 없다. 공자가 성인이라 일컬어지는 이유는 그가 아집 없는 대자유인이기 때문이다. 그러면서도 스스로는 무아無我와 같은 추상적인 이야기는 하지 않았다. 오직 언행으로 실천하며, 제자들이 그를 증언하고 있을 뿐이다.

공자는 인류의 스승 중 으뜸으로 일컬어지지만, 실제 그가 하는 말은 배움에 관한 것이 주를 이룬다. 심지어 공자는 누구에게서나 배운다고 했다.

위나라의 공손조가 자공에게 "중니仲尼(공자의 자)는 어디서 배웠습니까?" 하고 묻자 "공자님이야 어디에서든 배우지 않은 데가 있겠습니까? 그리고 어찌 일정한 스승이 있겠습니까?"라고 대답하는 장면이 나온다.

공자는 참으로 평범한 인간의 면모를 지닌 성인이다. 그는 스스로를 다음과 같이 평가했다.

"나는 나면서부터 아는 사람이 아니라, 옛것을 좋아하여 부지런히 찾아 배우기에 힘쓰는 사람일 뿐이다."

그러면서 평생을 정진하며 깨달음의 단계를 높여 갔고, 그때마다 제자들과 자신의 생각을 진솔하게 나누었다.

공자가 옛것을 숭상하고 배우기를 좋아했다는 점에서 그를 완고한 복고주의자로 규정하는 견해가 있는 것이 사실이다. 그러나 그것은 공자가 살았던 시대적 특성 속에서 한 이상주의자가 가질 수밖에 없었던 사회적·문화적·정치적 비전의 한계일 뿐이지, 그것을 근거로 공자를 비타협적 복고주의자라고 단정할 수는 없다.

공자 사후 2500년이 지난 지금도 수많은 사람들이 그에게서 배우려고 하는 것은 복고주의처럼 보이는 공자의 언행이 아니라, 아집을 넘어 끝까지 진리를 탐구하려는 그의 정신이라 하겠다. 우리가 알아야 할 공자 사상의 본질 또한 여기에 있다.

《논어》 술이 편에 다음과 같은 말이 나온다.

"묵묵한 가운데 깨닫고 배우되 싫증내지 않으며, 남을 가르침에 게을리하지 아니하니, 그밖에 또 무엇이 나에게 있겠느냐?"

"스스로 속수束脩(육포 한 꾸러미) 이상의 예를 보인 사람이라면 나는 아직까지 가르치지 않은 적이 없다."

"(나는)알려고 애쓰지 않으면 열어주지 아니하고, 표현하려고 애쓰지 않으면 깨우쳐주지 아니하며, 한 귀를 들어줌에 세 귀를 미루어 알려 하지 않으면 되풀이하지 않는다."

누구에게나 문호를 개방했다고 말하면서도 동시에 알려고 애쓰지 않으면 열어주지 않았다는 말이 상충된다고 의아해할 수도 있다. 하지만 이 구절은 우리에게 가르침의 본질이 무엇인지를 깊이 생각하게 한다.

진정한 가르침은 일방통행이 아니라 가르치는 사람과 배우는 사람의 참된 만남이어야 한다. 그러기 위해서는 우선 배우려는 사람이 열려있고 준비가 되어있어야 한다. 그럴 때만이 참된 배움이 생겨날 수 있다.

어진 사람을 보면 스스로를 살핀다

內自省也

공자께서 말씀하셨다.

"어진 사람을 보면 자신도 그와 같이 되기를 생각해야 하며,
어질지 못한 사람을 보면 돌이켜 자신을 살펴야 한다."

子曰, 見賢思齊焉 見不賢而內自省也

— 제4편 이인 17장

이 구절은 지극히 당연하고 쉬운 말처럼 보인다. 하지만 실천
하기란 쉽지 않다. 보통은 어진 사람을 보면 흠이 없는지 찾으
려 하고, 어질지 못한 사람을 보면 비난하는 마음이 앞서기 때
문이다.

자기보다 낫다고 생각되는 사람에 대해서는 질투하는 마음
이 일어나고 자기보다 못하다고 생각되는 사람에 대해서는 비
난하고 얕보는 마음이 일어난다면 인간으로서 진보는 불가능
하다.

어질지 않은 사람을 보았을 때 비난하고 싫어하는 마음이 일
어나기 쉽지만, 실제로는 상대방의 싫어하는 요소가 자신 안에

있기 때문에 그러한 마음의 작용이 일어나는 것이다. 그래서 공자는 "돌이켜 자신을 살펴보라"고 한 것이다. 자신 안에 그런 요소가 없다면 싫어하거나 비난하는 심정과는 다른 마음으로 볼 수 있다. 모든 것을 다 받아들이라는 이야기와는 다르다.

남이 잘하는 것을 보면 기뻐하고 나도 그렇게 되려고 노력하며 남이 잘 못하는 것을 보면 내 안에도 그런 요소가 있지는 않는지 살펴보는 삶, 이런 자세야말로 나를 진정으로 위하는 길이다. 그때야 비로소 다른 사람의 허물에 대해서도 싫어하거나 비난하는 마음 없이 이야기할 수 있고, 상대방도 자신의 허물을 고치려는 마음이 일어날 것이다.

●

《논어》술이 편 21장에서 공자는 "세 사람이 같이 길을 가면 그 가운데 반드시 스승이 있다"라고 했다. 요즘 같은 때 특히 음미해볼 만한 말이다.

좋은 것은 좋은 대로, 잘못된 것은 잘못된 대로, 좋지 않은 것을 보면 그것으로 자신을 돌아보고 고치게 된다. 모든 대상이 훌륭한 스승이 되는 것이다. 이때 상대방이 아니라 자신에게 있는 좋지 않은 요소를 고치려 노력하는 것이 중요하다. 하지만 보통 사람들은 스스로를 고치는 대신 상대를 비난하거나 바꾸려 한다.

이럴 때 문제가 발생한다. 보통 자신에게도 나쁜 요소가 있을 때 상대의 좋지 않은 면이 크게 보인다. 이런 상태에서 상대를 고치려 하면 역효과가 생길 뿐이다. 먼저 자신이 변화된 이후라야 상대에게 좋은 영향을 줄 수 있다.

자공이 공자께 여쭈었다.

"공문자라는 사람은 어찌하여 '문文'이라고 불리게 되었습니까?"

"그는 영민하고 배우기를 좋아하여 아랫사람에게 묻는 것을 부끄러이 여기지 않는 사람이기에 '문'이라 불리게 되었다."

두 사람의 대화는 '배우기를 좋아한다'는 말의 의미를 다시금 생각하게 한다.

공문자라는 사람이 당시에 평판이 좋지 않았음에도 공자는 공문자의 배움에 대한 자세를 높게 평가한 것이다. 우리나라처럼 여러 과제들이 복잡하게 얽혀있는 경우 공문자와 같은 자세로 소통하고 의견을 결집하는 모습이 절실히 필요하지 않을까 싶다.

내가 아는 것이 있는가? 오직 모를 뿐

吾有知乎哉 無知也

공자께서 말씀하셨다.

"내가 아는 것이 있겠는가? 아는 것이 없다. 그러나 어떤 사람이 나에게 묻더라도, 텅 비어 있는 데서 출발하여 그 양 끝을 들추어내어 마침내 밝혀보리라."

子曰, 吾有知乎哉 無知也 有鄙夫問於我 空空如也 我叩其兩端而竭焉

— 제9편 자한 7장

이 구절은 진리 탐구에 대한 공자의 태도를 선명하게 보여주는 말이다.

공자는 '모른다'는 인식에서부터 출발한다. 이것은 입에 발린 겸양을 보이는 것이 아니라, 마음속 깊은 곳에서부터 '모른다'는 지점에서 시작하기 때문에 진실하고 진리를 향해 똑바로 설 수 있는 것이다. 마음속으로는 '나도 이미 안다'고 생각하면서 말로만 아닌 척하는 가짜 겸양이 아니다. 그렇다고 '나는 모른다' 하고 멈춰버리는 것과도 다르다. '모른다'는 데서 출발하여 '무엇이 진리일까'를 끝까지 찾아가는 것이다. "그 양 끝을 들추어내어 마침내 밝혀보리라"는 말은 포기하지 않는 진리 탐구의 태도를 함축적으로 잘 표현하고 있다.

우리 같은 보통 사람들은 무척이나 쉽게 단정하는 경향이 있다. "이것이 틀림없다"라고 하다가 또 아니다 싶으면 다음엔 "저것이 틀림없다"라고 한다. 어떤 것을 틀림없다고 믿었다가 그것에 실망하거나 좌절하게 되면 정반대의 선택을 한다. 그 선택에 대해 확신을 가지고 말이다.

공자는 이런 태도가 진리를 추구하는 올바른 자세가 아니라고 말한다. 극단과 단정 속에는 진리가 숨 쉬기 어렵다. 물질과 마음, 좌와 우, 인위적 문명과 생태주의, 자유와 평등, 남성 우월주의와 여성해방 등 우리 시대의 수많은 당면 과제에 대해 극단에 사로잡히는 대신, 양단을 두들겨 무엇이 옳은 것인가를 끝까지 찾아가는 태도가 필요하다고 하겠다.

혹자는 다음과 같이 반문할지도 모른다.

"요즘같이 급변하는 세상에 언제까지 찾기만 하는가? 신속하게 결정해서 실행에 옮겨야 할 일들이 많은데 공자의 말을 따르는 것은 현실성이 없지 않는가?"

맞는 말이다. 실제로 우리는 시기를 놓치지 않고 수많은 선택을 하고 그것을 제때 실행에 옮겨야 한다. 그러나 "이것이 틀림없어" 하고 단정 짓는 것과 "지금으로서는 이것이 최선이다. 하지만 틀릴 수도 있지" 하고 선택하는 것은 전혀 다르다. 후자가 추진력이 떨어져 보이는 것은 지금까지 아집에 바탕을 둔 일방적 실행이 많았기 때문이다.

그렇다면 다양성이 존중되는 다원화된 민주주의 시대에는 어떤 선택과 실행이 좀 더 적합할까?

"지금으로서는 민주적 절차에 따라 이것을 선택하고 그 실행에 최선을 다한다. 그러나 기존의 선택이 틀렸다는 사실이 밝혀지면 언제든 고칠 수 있다."

이러한 열린 자세야말로 민주주의에 부합하는 올바른 태도라 할 수 있다. 말로는 상생과 협력을 이야기해도 마음속 깊이 극단과 단정이 숨어있다면 그것은 공허할 수밖에 없다.

●

자한 편 7장의 문장은 논어를 읽으면서 가장 전류가 통하는 듯한 느낌을 받았는데, 8년 여 무소유 사회 생활을 하면서 소통과 의사결정의 원리였던 '연찬研鑽'의 핵심을 나타내고 있기 때문이었다. 지금도 인문운동의 도구로 가장 많이 활용하고 있는 문장이다.

첫째, 무지無知의 자각이다. 요즘 많이 회자되는 말 가운데 소통疏通·경청傾聽 등이 있다. 그만큼 시대는 합의나 화합, 합리적인 의사결정을 절실하게 요구하는데 그 바탕인 소통이 어렵기 때문이다. 심지어 자신과 자신이 속한 집단과 다른 생각을 가진 사람들과는 아예 말을 섞으려 하지 않는다. 또 어쩌다 만나면 싸운다. 겉으로는 듣는 척해도 속으로는 상대방을 공격하거나 비판하려고 한다. 이른바 신앙이나 신념이 강한 사람, 혹은 집단일수록 더욱 그렇다.

도덕적 윤리적 요구로, 또는 전체의 존속과 행복을 위해 소통을 강조해도 생각의 바탕에 '내가 생각하는 것이 사실이다' '내가 아는 것이 틀림없다'라는 과학적인 근거 없는 단정斷定이 있는 한 소통은 실질적이지 않다.

공자와 같은 뛰어난 현자는 이미 2500여 년 전, 과학적으로 설명할 수 있는 방법이 없을 때도 이것을 깨달았다. 직관적으로 '무지'를 자각했다. 공자의 "아는 것이 없다"라는 말을 스승 중의 스승인 공자의 수사학적 겸허함으로 보는 한 이 말의 진의를 꿰뚫지 못한다.

요즘은 중학교 정도만 공부해도 이 말을 이해할 수 있다.

"나는 이남곡이라는 사람입니다. 여러분이 보고 있는 것은 이남곡이라는 사람의 실물입니까?" 대부분 망설임 없이 그렇다고 대답한다. 당연한 것이다. 이때 나는 이렇게 말한다. "그것은 근본 착각입니다."

실제 각자가 보고 있는 것은 이남곡이라는 사람의 실물이 아니라 각자의 눈에 맺힌 상像을 보고 있다는 결론에 도달하는 데 많은 시간이 걸리지 않는다. 실물과 무관하지는 않지만, 실물과는 별개인 상을 볼 뿐이다. 50명이 보면 50명이 다 다른 상을 본다. 누가 더 실물에 가까운지 이야기할 수 있지만, 실물을 본다는 것은 인간의 특성상 불가능하다.

"아마 이남곡이라는 사람에 대해서 판단이 섰을 것 같은데, 어떤 사람이라고 생각합니까?"

"좋은 사람인 것 같다"라는 대답이 나오면 묻는다.

"그 근거가 무엇입니까? 이남곡이라는 사람이 좋은 사람이기 때문입니까? 당신의 뇌 속에 이미 저장되어 있는 정보가 그렇게 판단합니까?"

나쁜 사람이라고 판단한다면 그 근거가 무엇인지를 똑같이 묻는다.

아주 짧은 시간에 이남곡이라는 사람의 실체와는 별개로 자신들이 이미 저장하고 있는 정보(여러 경로로 구성된다. 지식·경험·가치관·신앙·신념 등)로 판단하고 있다고 말한다.

　여기서 별개라는 것은 이남곡과 무관하다는 말이 아니다. 그런데 이것이 끝이다. 단지 과학적 상식의 확인으로 끝나고 만다. 실제의 삶이나 일상적 사고, 사회적 실천 속에서는 여전히 자신이 사실을 알고 있고, 자신이 알고 있는 것이 틀림없다는 단정斷定의 문화 속에서 좀처럼 벗어나지 못한다. 이것이 인문운동의 최대 과제라고 본다. 과학이 화석화된 지식이 아니라 삶과 실천에 녹아들어야 하는데 쉽지 않다. 너무 오랫동안 단정의 문화 속에 살아왔기 때문이다.

　둘째, 무지를 자각한 징표는 설렘이다. 무지의 자각을 받아들이지 못하는 사람들은 신념이나 신앙이 깊은 사람들이다. 신념이나 신앙이 깊은 것을 비판하려는 말이 아니다. 한 발 더 나아가 진정한 겸허, 즉 무지의 자각을 출발점으로 해야 한다는 말이다.

　무지의 자각은 깜깜한 무지의 암흑으로 떨어지는 것이 아니다. 적어도 공자의 세계에서는 '불가지론不可知論'이나 "이런들 어떠리 저런들 어떠리"로 되는 것이 아니다. 무지의 자각은 참다운 탐구의 시작이다. 그래서 무지를 자각한 사람의 상태는 '설렘'이라고 생각한다. 아집으로부터의 자유로움이라는 상쾌함이며, 탐구의 기쁨이다. 만일 그렇지 않다면 진짜로 무지를 자각한 것이 아니다.

　무지를 자각한 상태에서야말로 배우는 것이 기쁜 것이다. 자기가 알아버렸다고 생각하는 순간 탐구는 끝나고, 단정斷定만 남는다.

셋째, 공공空空은 자기의 정보情報를 비우라는 말이 아니다. '무지의 자각'은 소통과 탐구의 출발점이다. 핵심은 그 태도인데 '공공'이라고 '빌 공' 자字를 두 번 사용하고 있다. 여기에 많은 오해가 있는 것 같다.

특히 무지의 자각과 결부하여 자신의 지식·경험·가치관·신념 등을 다 비우라는 뜻으로 받아들인다. 특히 자기의 식견이나 가치관 또는 신념에 자신이 있는 사람들이 굉장히 반발하거나 허무감을 느끼는 경우가 있다. 그런 것을 다 비우면 무엇으로 탐구하는가? 사람들이 크게 착각하는 것이 있다.

자신의 지식이나 경험, 가치관이나 신념이 틀림없다고 생각해야 그것들을 활용할 수 있다는 착각이다. 사실은 그것이 틀림없다고 단정하는 순간, 활용하는 것이 아니라 그것들에 지배되는 것이다. 지배된다는 것은 일상적으로 경험하는 세계이다.

누가 자신의 의견에 반대하거나 비판하면 화가 나는 경우가 대표적이다. 화가 난다는 것은 한자로 보면 노예奴의 마음心, 즉 노怒가 되는 것이다. 단정하지 않고, 즉 주관에 사로잡히지 않을 때 오히려 자신의 지식을 잘 활용할 수 있다. 자기의 지식뿐만 아니라 다른 사람의 지식을 활용할 수 있게 되는 것이다.

공공이란 자신의 지식이나 경험을 잘 활용할 수 있는 상태를 말한다. 다만 '내 생각이 틀림없다' '내가 알고 있는 것이 사실이다'라는, 전혀 과학적으로 근거 없는 생각을 비우라는 것이다. 비우려고 애쓸 것도 없다. 자신의 생각은 실재와는 별개로 '자신의 감각과 판단이라는 자각'을 유지하기만 하면 된다.

넷째, 소통의 목적은 철저구명徹底究明이다. 소통疏通은 그 자체가 목적이 아니다. 함께 의논하고 합의해서 해결할 과제가 없다면 지금처럼 소통이 강조될 필요가 없다. 소통은 그 시점時點의 공동 목표와 그것에 도달할 방법과 구체적 실천에 합의하기 위해 필요한 것이다.

과거 수직적 사회에서는 공포와 압제壓制로도 일정한 목표를 이루었다. 물론 과거에도 그런 권력은 오래 가지 못했다. 절대 빈곤에서 벗어나기 위해 힘을 모을 때나 반독재투쟁이라는 뚜렷한 목표를 가질 때는 소통에 그다지 어려움이 없다. 절대빈곤에서 벗어나고 수평적 사회가 되면, 즉 공포와 압제가 더 이상 통하지 않는 사회가 되면, 비로소 자유로운 소통이 문제를 해결하고 과제를 설정하며 앞으로 나아가기 위해 반드시 필요하게 된다.

수직적 사회(전제나 독재, 계급사회)에 저항하는 것과 수평 사회의 소통과는 다른 점들이 있다. 제도적으로 수직 사회를 무너뜨린다고 해도, 수평적 소통이 잘 이루어지지 않으면 진정한 의미의 수평 사회라고 말하기 힘들다.

수평적 소통은 자기로부터 시작된다. 공자가 공공을 이야기하고 석가가 무소주無所住를 이야기하는 것은 바로 자기 자신의 태도를 이야기하는 것이다. 자기의 주관이나 신념, 가치관을 버리라는 이야기가 아니라 주장하되, 사로잡히거나 지배되지 않는 상태를 말하는 것이다.

지금 우리는 과거에 경험하지 못한 위기를 겪고 있다. 낡은 편가름(진영)이 불신과 증오와 대립을 증대시킨다면, 미래는 암울하다. 그 양 끝兩端을 두들겨叩 밝혀보겠다竭는 것은 단지 양 끝만이 아니라 그 사이에 있는 무수한 스펙트럼을 포함하여 어떤 단정도 없이 철저히 검토하겠다는 것이다. 여기에는 어떤 주장에 대해서도 적대적이거나 배제하는 마음이 없다. 사이좋게 그 시점에서 가장 옳은 것을 찾아가는 것이다. 이러한 문화가 보편화될 때, 우리가 겪고 있는 '업그레이드의 위기'를 극복할 본질적 힘을 얻게 될 것이다.

사람도 잃지 않고, 말도 잃지 않는 법

쓰이면 행하고, 안 쓰이면 간직한다

用之則行 舍之則藏

공자께서 안연에게 말씀하셨다.

"쓰이면 나아가 행하고, 쓰이지 않으면 간직하는 것은 오직 나와 너만이 할 수 있는 일이다."

자로가 여쭈었다.

"만약 선생님께서 삼군을 통솔하신다면 누구와 함께하시겠습니까?"

공자께서 말씀하셨다.

"맨손으로 호랑이에게 덤비고 맨몸으로 강을 건너려다 죽어도 후회하지 않는 사람과는 같이하지 않을 것이다. 반드시 어려운 일에 임하여는 두려워하고, 미리 계획을 세워서 일을 성사시키는 사람과 함께할 것이다."

子謂顏淵曰, 用之則行 舍之則藏 唯我與爾有是夫

子路曰, 子行三軍 則誰與

子曰, 暴虎馮河 死而無悔者 吾不與也 必也臨事而懼 好謀而成者也

— 제7편 술이 10장

이 구절은 '나를 인정하여 써주면 천하에 도를 행하고, 버리고 써주지 않으면 내 안에 도를 간직한다'라고 풀이할 수 있다.

요즘처럼 도전 정신을 요구하는 세태에서 보면 이 구절은 지나치게 소극적이고 수동적인 자세라고 받아들일 수도 있다. 그러나 여기서 공자는 군주에게 등용되느냐 못 되느냐에 따라 행동 가치가 달라진다는 뜻으로 하는 말이 아니다. 공자의 이상은 일관되게 덕을 실천하는 데 있기 때문이다.

사舍를 '써주지 않고 버림받는다'고 해석하면 공자가 마치 벼슬에 목말라 하는 사람처럼 보일 수 있다. 하지만 용用과 사舍가 모두 세상에서 쓰이는 것이고, 다만 어떤 단계에 이르러 그 쓰임은 변하는 것이며, 쓰이지 못할까 안달하는 것과는 차원이 다르다.

특히 세상에 '쓰임'을 구하는 이들은 이 구절을 깊이 음미해 볼 필요가 있다. 선거든 임용이든 취직이든 창업이든 뜻대로 나아가지 못할 때가 있고, 잘 나가다가도 어려움을 겪을 때가 있다. 이때 자신을 있는 그대로 볼 수 있는 능력이 필요하다. 가령 낙선한 정치인이 "이제 나 같은 사람을 좋아하지 않는구나!" 하고 받아들일 수 있다면, 또 연예인이 인기가 떨어지면 "이제 대중은 이런 모습을 좋아하지 않는구나!" 하고 깨달아 현실을 제대로 본다면 새로운 진로를 모색할 수 있다.

이때는 내면으로 돌아가 진실한 힘을 키우는 것, 즉 사지즉장舍之則藏이 필요하다. 실제로 자신의 쓰임새는 자기 스스로 결정하는 것은 아니다. 그저 자신이 할 수 있는 일에 최선을 다할 뿐이다.

사지즉장은 결코 패배자나 은둔자의 변명이 아니라 용지즉

행用之則行과 동일한 역동적인 삶의 한 부분이다. 뜻대로 안 되는 어려운 시기를 만나면 사지즉장을 떠올리는 것도 삶의 지혜라 할 수 있다.

필야임사이구必也臨事而懼(일에 임하여 두려워함)라는 구절에서는 참다운 용기가 무엇인지를 생각해볼 수 있다. 즉 어떤 일을 책임지고 끝까지 완수하는 것이 진정한 용기이지, 무모하게 덤비는 것이 용기는 아니라는 것이다. 대의를 좇고 그것을 실현하기 위해 목숨 바쳐 일하겠다는 의지가 있는 사람일수록 이 구절을 되새겨볼 필요가 있다.

●

《논어》 태백 편 13장에서 공자는 다음과 같이 말한다.

"독실하게 믿고 배우기를 좋아하며, 목숨 바쳐 도를 지켜야 한다. 위태로운 나라에는 가지 말고, 어지러운 나라에는 살지 말며, 천하에 도가 있으면 나아가 일하고, 도가 없으면 은거한다."

위험한 곳을 멀리하고 도가 없으면 은거하라는 말이다. 이 말은 적극적으로 사회를 변혁하려는 사람들에게는 지나치게 소극적인 모습으로 보일지도 모른다. 하지만 이 구절을 제대로 이해하려면 공자가 살던 중국 고대 춘추전국시대의 정치 환경과 공자의 가치관을 먼저 이해할 필요가 있다.

공자가 나라를 선택하고 자신의 입지를 정하던 기준은 선한 도를 목숨으로 지킬 만한 환경, 즉 도道가 있느냐 없느냐에 있었다. 현見과 은隱도 마찬가지다. 단지 개인으로서 나아가고 숨는 것이라면, 공자가 전제한 수사선도守死善道의 세계와는 어울리지 않는다. 천하에 도를 실현하려는 공인으로서, 그렇게 할 만한 곳이면 드러나고見 그렇지 못하면 안으로 간직隱하는 현자의 세계를 이야기한 것이다. 나아가고 물러나는 선택은 오로지 사의私意가 아니라 공의公意에 따르고, 환경과 조건이 무르익어야만 도를 이룰 수 있다는 성찰에 따른 것이다.

공자의 이 말은 훗날 맹자의 호연지기浩然之氣로 이어진다.

"천하의 넓은 집에 살고, 천하의 바른 자리에 서며, 천하의 큰 길을 간다. 뜻을 얻으면 백성들과 함께하고 뜻을 얻지 못하면 홀로 그 길을 간다. 부귀도 그 마음을 유혹하지 못하고, 빈천도 그 지조를 바꾸지 못하며, 위무도 그 뜻을 꺾지 못한다. 이를 일러 대장부라 한다."

사람도 잃지 않고, 말도 잃지 않는 법

不失人 亦不失言

공자께서 말씀하셨다.

"더불어 말할 만한 사람인데도 그와 말하지 않으면 사람을 잃고, 더불어 말할 수 없는 사람인데도 그와 말하면 말을 잃게 된다. 그러나 지혜 있는 사람은 사람도 잃지 않고 말도 잃지 않는다."

子曰, 可與言而不與之言 失人 不可與言而與之言 失言 知者
不失人 亦不失言

— 제15편 위령공 7장

이 구절은 상대에 따라서 말할 때와 말하지 않을 때를 구별해서 처신하라는 뜻이다. 하지만 쉽지 않은 일이다. 자기 생각에 빠져있으면 그러한 구별을 하기가 어렵기 때문이다. 이런 세계는 사람에 대해 자의적으로 판단하는 범인과는 완전히 차원이 다르다고 할 수 있다.

가치관이나 이상이 같은 사람들끼리도 반목하는 모습을 어렵지 않게 볼 수 있다. 자기중심적인 마음이 소통을 막기 때문이다. 경쟁의식이나 헤게모니 등이 서로의 소통을 막고 있다면 먼저 자신의 미숙함을 살펴볼 일이다. 이런 미숙함을 벗어나지 못하면 결국 사람을 잃게 된다.

반면에 가치관이나 사고방식이 다른데도 자신의 생각을 열심히 이야기하는 경우도 있다. 어느 때 이런 현상이 나타나는지를 잘 살펴봐야 한다. 만약 상대를 보고 이야기하는 것이 아니라 자기 생각에 빠져 자기 주장만 내세우고 있다면 결국 말은 공허해진다. 자신은 진정성을 갖고 말한다고 생각하지만, 사실은 체화되지 않은 하나의 관념에 불과한 것이다. 즉 말이 생명력을 잃었다고 할 수 있다.

여기서 말하는 지자知者는 소아小我를 넘어서 대의에 충직한 사람이며, 자신이 지향하는 가치를 내면에 체화하고 있는 사람을 가리킨다.

특히 요즘 비슷한 생각을 하는 사람이나 집단끼리 연대하거나 통합을 원한다고 말하면서도 실제로는 잘 이루어지지 않는 경우를 자주 볼 수 있다. 이는 당파적 헤게모니 경쟁이라는 소아를 넘어서지 못한 탓이다.

●

《논어》이인 편 18장에 "부모를 섬김에 부드럽게 간하고, 부모님이 따르지 않더라도 또한 공경하여 부모의 뜻을 어기지 말라"는 말이 있다.

효에 관한 공자의 말은 언뜻 현대사회의 여러 조건이나 감각과 맞지 않는 시대착오적 생각으로 치부하기 쉽다. 하지만 잘 들여다보면 동서고금을 막론하고 실현되어야 할 인간의 도리가 잘 나타나 있음을 알 수 있다.

기간幾諫은 '부드럽게 간한다'는 뜻으로, 비단 부모에 대한 태도뿐만 아니라 모든 인간관계에 적용할 수 있음을 알 수 있다.

예를 들어 다른 사람에게 충고할 때 어떤 심정으로 할 것인가? 충고를 한다면서 실제로는 상대에 대한 자신의 불만이나 비난하는 마음을 전하고 있지는 않은지 잘 살펴야 한다. 진정으로 상대가 허물을 고치기를 바라고 조언하는 것이 기간하는 심정이며, 이때 상대방이 간함을 따르지 않더라도 공경하는 마음이 변하지 않는 것, 그것이야말로 기간의 본질이다. 거기에는 상대에게 자신의 생각을 강요하는 마음이 없다.

《논어》 안연 편 23장을 보면 벗과 사귐을 묻는 질문에 공자가 다음과 같이 대답하는 장면이 나온다.

"충고하여 잘 이끌어주되, 듣지 않거든 스스로 욕됨이 없도록 그만두어야 한다."

벗에게 충고하여 좋은 길로 가게 하는 것이 친구의 도리인데, 만약 듣지 않으면 그만두라는 말은 얼핏 모순으로 보인다. 물론 공자의 말은 좋지 않은 것을 그대로 보고 있으라는 뜻은 아니다. 상대를 위하는 마음에서 출발하지 않는 이야기라면 차라리 안 하는 편이 낫다는 말이다. 상대를 비난하거나 공격하고 싶은 마음, 자기 생각을 강요하는 기분이 들 때는 그런 마음이 사라질 때까지 충고를 삼가는 게 훨씬 낫다.

그렇다면 '자신을 욕되게 한다'는 말은 무슨 의미일까?

충고를 듣지 않는 사람과 계속 사귀면 나쁜 물이 든다는 말인가, 아니면 충고를 너무 많이 하면 상대가 싫어하고 원망이 돌아온다는 말인가? 그런 측면도 있을지 모르지만, 공자의 참뜻은 다른 데 있다. 상대가 듣지도 않는데 충고라는 이름으로 계속 이야기하는 자신의 마음속에 무엇이 숨어있는지를 살펴봐야 한다는 것이다. 자신의 생각을 상대에게 강요하려는 완고함, 그 자체가 실상은 스스로를 욕되게 하는 것이다.

말은 더디게, 행동은 민첩하게

欲訥於言 而敏於行

공자께서 말씀하셨다.

"옛 사람들이 말을 앞세우지 않았던 것은 실천이 이에 미치지
못함을 부끄럽게 여겼기 때문이다."

子曰, 古者言之不出 恥躬之不逮也

— 제4편 이인 22장

공자께서 말씀하셨다.

"삼가고서도 실패하는 일은 드물다."

子曰, 以約失之者 鮮矣

— 제4편 이인 23장

공자께서 말씀하셨다.

"군자는 말엔 더디고자 하되, 실천엔 민첩하고자 한다."

子曰, 君子 欲訥於言 而敏於行

— 제4편 이인 24장

말은 하기는 쉬우나 실천하기는 어렵다. 그리고 어느 시대에나 말을 앞세우는 사람은 많아도 실천하는 사람은 적다. 공자가 말보다 실천을 중요하게 이야기한 것은 실천이 따르지 않는 말은 관념에 빠지기 쉽고, 관념적이 되면 극단에 빠지거나 허황되기 쉬워서다.

사람이 진실되기 위해서는 지행知行이 일치해야 한다. 그리고 지행이 일치하는 것보다 더 중요한 것이 언행言行의 일치다. 말은 아는 것보다 더 거짓되고 부풀려지기 쉽기 때문이다. 말이란 모름지기 자기가 안다고 생각하는 것뿐만 아니라 잘 모르는 것도 과장하기 쉽다.

사람에게는 누구나 자기를 알리고 싶은 욕구가 있다. 그런데 이것이 지나쳐 과장하려 하거나 공명심에 사로잡히면 결국 거짓의 길로 들어서게 된다. 이처럼 에고Ego가 있는 말이 과장되기 쉽다는 것을 안다면 함부로 말을 하지 않게 된다. 군자가 말을 어눌하게 하는 것은 더듬거린다는 뜻이 아니다. 단정적인 말을 하지 않는다는 것이다. 그렇다면 어떻게 말을 하는 것이 좋을까? 이것은 기교 이전에 마음의 문제다. 마음속에서부터 진실을 추구하고 있는지, 단정 짓고 있지는 않은지 스스로에게 끊임없이 물어볼 일이다.

말에 행동이 따르지 못하면 스스로가 공허해진다. 그나마 공허함을 느낄 수 있다면 진실에 대한 욕구가 살아있는 것이다. 거짓이나 과장이 반복되어 공허함마저 느끼지 못하는 상태가 되면 주변을 어지럽게 하고 심지어 위험에 빠뜨릴 수 있다.

'검약하면 잃을 것이 적다'는 말도 이런 맥락에서 이해할 수 있다. 검약을 물질적인 면에서 이해할 수도 있지만, 그보다 더

폭넓게 적용하면 '과장됨이 없는 소박한 마음'으로 이해하는 것이 정확하다. 욕구가 단순 소박하면 잃을 것이 적다는 뜻이다.

말과 행동이 일치하지 않는 것이 불완전한 우리들의 실태라면 일치하는 방향으로 노력해야 한다. 말이 앞섰으면 열심히 행동으로 따라가려고 노력해야 한다. 말이 결국 실천을 통해 검증된다는 사실을 잊지 않는다면 언행일치도 그리 어려운 일은 아닐 것이다.

●

공자가 말년에 고향에 돌아가 청년들을 가르치고자 할 때 자신의 심정을 공야장 편 21장에서 이렇게 말했다.

"우리 고장에 사는 젊은이들은 뜻이 크나 면밀하지 못하며, 문채는 찬란하나 그것을 재량할 줄 모르는구나."

공자의 이 말은 이상주의가 관념에 흐르기 쉽고, 이상과 방법이 서로 상응하지 못하는 폐단을 잘 지적하고 있다. 시대를 초월하여 깊이 새겨들어야 할 말이다. 특히 오늘날은 뜻조차 큰 사람이 드물고, 뜻이 크다 해도 그것을 뒷받침할 실력을 기르는 일에 게으르거나, 조금만 힘들어도 도중에 그만두는 경우가 많다.

옹야 편 10장에 보면 염구라는 제자가 스승 공자의 도를 듣는 것은 기쁘지만 그것을 실천할 힘이 미치지 못한다고 하소연하자 공자가 "힘이 미치지 못하는 자는 중도에서 그만두거니와, 지금 너는 스스로 금을 긋고 있구나"라고 말하는 장면이 나온다.

"너는 지금 스스로 금을 긋고 있구나"라는 말은 '나는 할 수 없어'라며 스스로 한계 짓는 모습을 지적한 것이다. 이는 사람의 아집 가운데 가장 완고한 태도라 할 수 있다. 이 경우 금 너머로 한 걸음도 더 나가려 하지 않는다. 자신의 잠재력과 가능성을 원천봉쇄하고 그것을 핑계로 안주해 버리는 완고한 관념인 것이다.

우리 현실에서도 어떤 이상을 이야기하다가 막상 실천할 단계가 되면 "현실적으로 불가능해서" "나는 할 수 없어" 하고 스스로 금을 그어버리는 경우가 얼마나 많은가. 더 나아가 "사람은 누구나 비슷해" "대세가 이런데 어쩌란 말이냐" 하면서 자신을 합리화하는 경우도 많다.

현실과 유리된 몽상에 빠지거나 자신의 능력을 과대평가하다가 결국 공허해지는 경우 못지않게 꿈조차 꾸지 못하는 비관적 태도도 큰 문제다.

오늘날 사회제도나 물질적 조건이 과거에 비해 훨씬 나아졌는데도 이상 사회를 향한 꿈은 오히려 꾸지 못하는 것 같아 안타까울 때가 많다. 이론이나 사상의 고루함도 원인으로 작용하겠지만, 시도해보려는 마음도 내지 않고 스스로 금을 긋는 것은 아닌지 스스로에게 진지하게 물어보자.

군자와 소인의 차이
管仲之仁

어떤 사람이 자산子産에 대하여 여쭈니 공자께서 말씀하셨다.

"자애로운 사람이다."

자서子西에 대하여 여쭈니 공자가 말씀하셨다.

"그저 그런 사람이다."

관중에 대하여 여쭙자 공자께서 말씀하셨다.

"훌륭한 사람이다. 백씨의 병읍 300호를 빼앗았으되, 백씨는
거친 밥을 먹으며 살다 죽었지만 결코 관중을 원망하지 않았
다."

或 問子産. 子曰, 惠人也 問子西 曰, 彼哉彼哉

問管仲. 曰, 人也 奪伯氏騈邑三百 飯疏食沒齒 無怨言

— 제14편 헌문 10장

자로가 여쭈었다.

"제나라 환공이 공자 규를 죽이자, 소홀은 따라 죽고 관중管仲
은 죽지 않았으니, 말하자면 관중은 인仁하지 못한 것이 아니
었습니까?"

공자께서 말씀하셨다.

"환공이 제후들을 규합하는 데 무력을 쓰지 않아도 되었음은
관중의 힘이었으니, 누가 그의 인을 따르겠는가. 누가 관중의
인을 따를 수 있겠는가."

子路曰, 桓公殺公子糾 召忽死之 管仲不死 曰 未仁乎
子曰, 桓公九合諸侯 不以兵車 管仲之力也 如其仁如其仁

— 제14편 헌문 17장

자공이 여쭈었다.

"관중은 인하지 못한 사람이 아니었습니까? 환공이 공자公子
규를 죽였으되 따라 죽지 못하고, 심지어 환공을 돕기까지 하
였습니다."

공자께서 말씀하셨다.

"관중이 환공으로 하여금 패자覇者의 자리에 올라 천하를 통
일하고 바로잡도록 도운 덕분에 사람들이 오늘에 이르기까지
그 혜택을 받고 있으니, 만일 관중이 아니었더라면 우리는 머
리를 풀고 옷깃을 외로 여미는 오랑캐가 되었을 것이다. 어찌
필부필부匹夫匹婦들이 조그만 신의를 지켜 스스로 목을 매어
죽어도 알아주는 사람이 없는 것과 같겠는가."

子貢曰, 管仲非仁者與 桓公殺公子糾 不能死 又相之
子曰, 管仲 相桓公霸諸侯 一匡天下 民到于今受其賜
微管仲 吾其被髮左衽矣 豈若匹夫匹婦之爲諒也 自經於溝瀆
而莫之知也

— 제14편 헌문 18장

공자가 관중을 평가한 대목에서, 공자가 말하는 인仁에 대해 좀 더 자세히 이해할 수 있다. 《논어》 전편을 놓고 보면 관중에 대한 공자의 평가는 이중적이다. 3편에서는 관중을 가리켜 "그 릇이 작고 생활이 사치스럽고 예를 몰랐다"고 비판하지만, 14편에서는 그의 인을 긍정하고 있다.

관중이 공자 규를 따라 죽지 않은 것이 의리가 아니라 하더라도, 천하를 평정하도록 도와 백성을 편안하게 한 것이 훨씬 더 큰 의리라고 본 것이다. 이는 임금을 따라 죽은 소홀의 의리보다 먼저 백성을 걱정한 관중의 의리를 더 높게 평가한 것이다. 혹시 결과가 좋기 때문에 관중의 행위가 정당화된 것이 아니냐고 반문하는 사람이 있을 수도 있다. 그러나 여기서 공자가 말하고자 한 것은 급박한 정변의 시기에 왜 그런 선택을 했는가 하는 심층의 동기다.

모시던 주군을 위해 순사殉死할 것인가, 아니면 살아서 세상 사람들의 안녕과 행복을 위해 자신이 할 수 있는 역할을 할 것인가, 이 가운데 하나를 선택해야 하는 절박한 상황이었다. 만약 관중이 오로지 살아남기 위한 선택을 했다면 공자는 관중을 그토록 높게 평가하지는 않았을 것이다. 그 선택의 진정성을 공자는 인이라고 본 것이다.

사실 이것은 간단하게 이야기할 수 있는 성질의 것은 아니다. 어느 세상에나 살아남기 위해 자신을 합리화하는 소인배들이 천지에 널렸기 때문이다. 그렇다면 어떻게 군자의 행동과 소인의 행동을 구분할 수 있을까? 관중의 경우 그가 왜 그런 선택을 했는지 이후의 행동을 통해 검증되었다. 그런 측면에서 관중은 행운아라 할 수 있다. 역사 속에서 보면 군자다운 선택을 하였으나 결과가 여의치 않았던 안타까운 예들이 수없이 많기 때문이다.

"백씨의 병읍 300호를 빼앗았는데, 백씨는 곤궁하여 거친 밥을 먹으며 살다 죽었지만 관중을 원망하지 않았다."

이 구절은 물론 백씨라고 하는 사람의 만만찮은 인물됨도 작용했겠지만 근본적으로는 관중의 사심 없음에 백씨가 공감한 것이라고 이해할 수 있다.

●

오늘날 우리 사회의 가장 큰 과제는 양극화 해소가 아닐까 싶다. 근래 복지 문제가 정치적 화두가 된 것은 이러한 시대적 요구가 반영된 것이다. 시기적으로는 2012년 양대 선거와도 맞물려 있어 이 기회에 우리 사회의 공론이 제대로 형성되는 계기가 되기를 기대해본다.

진보 진영의 이른바 보편적 복지론은 보수 진영이 우려하는 재정의 위기에 대한 대책이 함께할 때 비로소 현실성 있는 주장이 될 것이다. 복지의 확대는 재정의 확대를 의미하고, 재정의 확대는 세수 확대를 말하는데, 이때 세금을 더 내야 하는 생산 주체의 의욕이 떨어지지 않아야 한다.

결국 가진 사람들의 실질적 동의가 필요하다는 뜻이다. 진보 진영의 일각에서 잘 뿌리내리기를 바라는 사회민주주의 제도도 이런 중산층 이상의 의식이 얼마나 진화하느냐에 성패가 달려있다고 할 수 있다. 이 대목에서 공자가 말한 관중의 인仁을 생각해보자. 자신에게 또는 자기가 속해 있는 집단에는 불리하지만, 전체 구성원을 위해서는 반드시 개혁이 필요하다고 할 때 어떻게 하면 저항 없이 개혁안을 수용하도록 할 수 있을까? 이때 개혁 주체는 기득권을 가진 사람이나 집단이 큰 저항과 거부감 없이 기득권의 일부를 포기하거나 양보할 수 있도록 해야 한다. 그러한 개혁 주체를 어떻게 하면 형성해낼 수 있을까?

이 두 가지가 현 시점에서 우리에게 주어진 사회 진보와 인간 진화의 핵심 과제라고 할 수 있다. 개혁을 하자면 못마땅해하는 사람들이 있겠지만, 불만을 줄이고 소기의 목적대로 개혁을 이루기 위해서는 가장 먼저 무엇이 필요할까?

우선 개혁 주체가 공평무사하고 합리적으로 개혁을 진행할 수 있는 능력과 의지를 갖추어야 한다. 개혁에는 필연적으로 저항이 따른다. 과거에는 정권 차원에서 힘으로 저항을 잠재우려 했다. 그런데 더 이상 이런 방식은 통하지 않을 뿐 아니라 마땅히 버려야 할 구시대의 폐습이 되었다.

이제 개혁의 성패는 기득권을 가진 사람이나 집단이 개혁에 동참하도록 얼마나 합리적으로 설득할 수 있는가에 달려있다. 그런 의미에서 개혁 주체의 권위는 대단히 중요하다. 싫든 좋든 누구나 인정할 수밖에 없는 권위를 가져야 한다. 이것을 바탕으로 비전을 제시하고 리더십을 보여줄 수 있을 때 비로소 원활하게 개혁을 수행해갈 수 있다.

우리 민족의 최대 과제는 남북통일이다. 통일은 남과 북에서 기득권 세력의 저항이 크기 때문에 최대의 개혁 과제일 수밖에 없다. 이러한 난제를 해결하는 데는 관중이 보여준 큰 덕이 요구된다.

통일은 단순한 물리적 통합이 아니다. 새로운 사회, 새로운 국가를 이루는 과정이어야 하고, 그 과정에서 사람들의 불만이 쌓이지 않도록 배려하는 것이 무엇보다 중요하다. 이것이 가능하기 위해서는 남북한 양쪽에서 통일을 이끌 주체가 고르게 배출되어야 한다. 어떤 제도로 통일할 것인가도 중요하지만 새로운 통합력의 바탕에는 큰 덕德이 필요하기 때문이다. 상생과 화해의 바탕 위에서 통합을 이루는 통일된 나라의 미래를 그려본다.

세상을 구하고자 지혜를 감추고 속세에서 산다

和光同塵

장저와 걸익이 함께 밭을 갈고 있었다. 그곳을 지나가던 공자께서 제자 자로를 시켜 그들에게 나루터 있는 곳을 물어보게 하셨다.

이때 장저가 "저 수레에 앉아 고삐를 잡고 있는 사람이 누구요?" 하고 묻자, 자로가 대답하였다.

"공구孔丘이십니다."

"저 사람이 바로 노나라의 공구라는 분이오?"

"그렇습니다."

"그렇다면 나루터쯤은 알고 있을 텐데……."

자로가 다시 걸익에게 길을 물었다.

그랬더니 걸익이 다시 자로에게 "당신은 뉘시오?" 하고 묻자 "중유올시다"라고 대답했다.

"노나라 공구의 제자요?"

"그렇습니다."

이 말을 들은 걸익이 밭 가는 일을 멈추지 않은 채 말했다.

"도도한 물결에 온 천하가 다 휩쓸려 있거늘 이를 누구의 힘으로 바꾸겠소? 당신은 사람을 피해 다니는 인물을 따르기보다는 세상을 피해 사는 인물을 따르는 게 어떻겠소?"

자로가 가서 이 말을 전하니 공자께서 길게 탄식하면서 말씀
하셨다.

"새나 짐승과는 함께 살 수 없으니, 내가 사람들과 함께 살지
않으면 누구와 함께 산단 말인가? 천하에 도가 있으면 나는
구태여 바꾸려 들지 않았을 것이다."

長沮 桀溺 耦而耕 孔子過之 使子路問津焉

長沮曰 夫執輿者 爲誰 子路曰 爲孔丘

曰 是魯孔丘與 曰 是也 曰 是知津矣

問於桀溺 桀溺曰 子爲誰 曰 爲仲由 曰 是魯孔丘之徒與 對曰 然

曰 滔滔者天下皆是也 而誰以易之 且而與其從辟人之士也 豈

若從辟世之士哉 耰而不輟

子路行 以告 夫子憮然曰 鳥獸 不可與同群 吾非斯人之徒 與

而誰與 天下有道 丘不與易也

— 제18편 미자 6장

마음속에 이상향을 품고 있는 사람들의 삶의 방식에는 여러 가
지가 있는 듯하다. 여기서 보는 장저나 걸익의 삶과 공자의 삶
이 고금을 통해 대표적이다.

　공자는 현실과 이상을 어느 쪽에도 치우치지 않고 결합하려
한 점에서 대단히 뛰어난 성현이었다. 공자의 태도에는 자신을
비웃은 장저와 걸익 같은 노자류에도 그다지 대립각이 느껴지
지 않는다. '그렇게 사는 것이 좋겠지만, 저 민중들은 어떻게 할
것인가?' 하는 심정이 《논어》 전편에 흐르고 있다. 무도한 현실

속에서 고통받는 사람들에 대한 연민과 애정이 그를 현실 참여로 이끄는 것이다.

물론 대의大義에 대한 지향이 없는 것은 아니겠지만, 그 바탕이 권력 의지나 자신의 출세나 이익에 의해 움직이는 무리들과는 차원이 다른 것이다. 현실을 피하는 대신 주류사회를 정면으로 마주보며 세상을 바꿔보려는 공자의 보편적이고 현실적 태도가 요즘 들어 더욱 절실하게 다가온다.

장저나 걸익 같은 사람들은 어느 시대나 많다. 모두 다 그런 것은 아니겠지만 '마음' 운운하며 현실에서 동떨어져 있는 사람들도 많이 생겨났다. 21세기를 '마음의 시대'라고 하는 사람들도 있는데, 이 말은 현실에서 벗어난 은둔자적 삶과는 다른 의미다. 어떤 의미에서 20세기가 물질 혁명, 사회혁명의 시기였다면 21세기는 인간 관념의 변혁이 주된 테마가 되는 시대라는 뜻이다. 그런 의미라면 마음은 가장 현실적인 실천의 장이 될 것이다.

우리가 살고 있는 이 시대는 공자가 이상을 실현하고자 했던 시대와 비교되지 않을 만큼 이상을 향해 나아가기에 좋은 환경이 되었다. 그런데 왜 이상향의 로망을 품는 사람들이 많지 않을까? 아직은 현대 자본주의 문명을 대체할 새로운 문명에 대한 비전이 현실적으로 잘 다가오지 않기 때문인 듯하다.

새로운 사회나 문명을 보편적으로 지향해가기 위해서는 새로운 분야를 개척하는 것과 함께, 기존의 주류사회 안에서 새로운 사회, 새로운 문명의 씨앗을 키워가는 것이 중요하다. 대안 학교, 대안 경제, 대안 화폐처럼 대안 운동이라는 말도 있는데, 이때의 대안이라는 말이 보편성을 가지려면 언젠가는 주류가 될 수 있다는 전망을 스스로 가져야 한다. 그리고 대안 학교도 필요하지만, 더욱 중요하고 기본이 되는 것은 공교육의 틀 안에서 교육을 정상화하기 위한 노력에 힘을 모으는 것이다. 대안 학교를 통한 창의적 노력과 공교육의 보편적 장이 따로 놀지 않고 서로 어울려 조화를 이뤄야 한다.

대안 기업을 꿈꾸고 실천하는 것도 중요하다. 그러나 주류 기업의 사회적 책임이나 공공성, 그리고 작업 현장의 인간화를 이루어가는 노력은 더욱 중요하다. 주류 안에서부터 새로운 흐름이 생겨 마침내 낡은 틀을 넘어서는 전망을 가져야 한다. 예를 들면 대기업 노동조합이 진정성과 도덕성을 통해서 기업 문화를 바꾸는 데 일조한다면 그것이야말로 노동 운동이 진보에 기여하는 것이다.

그런 점에서도 공자는 배울 점이 많은 사람이다. 그는 봉건 군주제라는 사회적 현실에 몸을 담근 채 자신이 생각하는 이상을 그 체제 속에서 실현하려고 노력했다. 그러다 보니 "안 될 줄 알면서도 헛되이 애쓰는 사람" 또는 "벼슬에 목말라 하는 소인배"와 같이 때때로 조롱받기도 했다.

●

《논어》헌문 편에 보면 공자를 가리켜 비아냥거리며 다음과 같이 표현하는 구절이 나온다.

"아, 안 될 줄 알면서도 애쓰는 사람 말이군요?"

"구丘는 왜 저렇게 분주한가? 구변으로 남의 마음을 사려는 것이 아닌가?"

"나를 몰라준다면 그만두면 그뿐인 것이니, '깊으면 옷을 벗고 건너고 얕으면 옷을 걷고 건너라'고 했느니."

이 장에는 공자 당시 지사志士들의 사고방식이 잘 묘사되어 있다. 그들이 구체적으로 어떻게 교류했는지는 잘 모르겠으나 공자의 견해와 다른 입장을 가진 사람들이 많았을 것으로 추정된다. 여기서는 공자에 대한 당시 은자류隱者流의 신랄한 비판과 그에 대응하는 공자의 고뇌가 잘 나타나 있다.

우리는 보통 공자와 노자의 차이를 많이 이야기한다. 그러나 《논어》를 읽어오면서 든 생각은 두 사람의 생각이 크게 다르지 않다는 것이다. 오히려 본질적으로는 같다고 할 수 있다. 궁극적 이상은 같지만, 현실에 임하는 구체적 대응이 달랐을 뿐이다. 실제로 지금 우리가 바라는 최고의 정치는 타율적 규제가 없는, 자율적이고 자연적으로 조화된 정치라는 것을 보면 더욱 그렇다. 만약 두 성현이 직접 만나 이야기를 나눈다면 후세의 지지자들이 서로 비판하고 다름을 강조했던 것과는 사뭇 다른 분위기가 연출되지 않을까.

공자나 노자는 두 사람 다 무아를 체득한 사람들이라 아마 대화에도 막힘이 없었을 것이다. 보기에 따라서는 공자가 사회 개혁에 좀 더 적극적이라고 볼 수도 있지만, 노자가 좀 더 혁명적이라고 생각할 수도 있다. 또 노자가 무아나 무위를 더 강조하는 것 같지만, 공자의 언행이 사실은 무아를 실천하는 것이라고 할 수 있다.

화광동진和光同塵은 '세상구제를 위해 지혜를 감추고 속세에서 산다'는 의미로 노자 《도덕경》에 나오지만, 실제로 화광동진을 철저히 실천한 사람은 공자였다. 특히 미생묘란 사람이 "공자는 왜 그렇게 악착스럽게 서성거리는가? 말로 남의 마음을 사려고 하는 것 아닌가?" 하고 비판했을 때 "그런 생각을 하는 것이 아니라, 다만 완고함을 싫어할 뿐이다"라고 대답한 것도 실천가로서의 공자를 잘 보여준다.

'세상은 어쩔 수 없다.'

이렇게 비관하며 포기하는 대신 사람과 세상을 이롭게 하려고 애썼던 실천적 사상가의 모습이 여실하다. 자신과 생각이 다른 사람에 대해 포기해 버리거나, 높은 곳에서 내려다보며 관조하는 듯한 태도를 보이기에는 세상과 사람에 대한 그의 애정이 너무 컸기 때문이다. 공자가 "다만 완고함을 싫어할 뿐이다"라고 대답한 말은 그래서 더욱 가슴에 와 닿는다.

일부 극단주의도 완고함의 범주에 들어간다. 자신의 생각이 절대적으로 옳다고 생각하는 사람들은 스스로 고루하다거나 완고하다고 생각하지 않는다. 나쁜 일이라는 것을 알면서도 어쩌지 못하고 나쁜 일을 하는 사람보다 어쩌면 더 완고한 부류다. 모든 이상주의가 가장 경계해야 할 것은 극단주의의 완고함이라고 할 수 있다.

양화 편 7장에 나오는 "갈아도 엷어지지 않고, 물들여도 검어지지 않는 삶"은 현실 참여에 대한 공자의 마음을 잘 보여준다. 스스로 고고孤高하여 세상과 담을 쌓고 지내는 것이나, 세상을 이롭게 한다는 명분을 내세우지만 사실은 곡학아세曲學阿世하는 부류와는 다른 것이다.

우리가 사는 이 시대는 공자나 노자가 그렸던 이상 사회를 구현할 수 있는 가능성이 어느 때보다 높다. 사회제도의 민주화가 보편적 실천 논리가 된 것이다. 인류 생존을 위한 총수요를 충족시킬 수 있는 물질적 생산력도 갖추었다. 인간의 일반적인 자유도와 자율성도 인류가 지나온 어느 시대보다 높다.

　이것은 2, 3천 년의 세월을 보내면서 인류가 이뤄놓은 성과물이다. 아직은 좀 더 나아가야 하겠지만 언젠가는 공자와 노자가 함께 그려왔던 이상향을 구체적으로 바라볼 수 있는 지점에 다가설 것이다. 다만 그 상태는 원시시대 같은 자연적 조화가 아니라 충분한 문명시대를 경험한 인간과 자연의 새로운 조화가 될 것이다.

알아주어 등용된다면 무엇을 하려느냐?

老者安之 小者懷之

자로, 증석, 염유, 공서화가 함께 모여앉아 있는데, 공자께서
말씀하셨다.

"내가 너희들보다 나이가 좀 많다 하나 어려워 말고 말하라.
너희들은 평소에 '나를 알아주지 않는다'고 하는데, 만약 어떤
이가 너희를 등용한다면 무엇을 하려느냐?"

자로가 먼저 나서며 대답했다.

"천승千乘의 나라가 큰 나라 사이에 끼여 적군의 침입을 당하
고 기근에 시달린다 하여도, 제가 3년만 다스린다면 백성들을
용감하게 만들고, 또 도의道義를 알도록 할 수 있습니다."

공자께서 빙그레 웃으셨다.

"구야, 너는 어떠하냐?"

구가 대답했다.

"사방 6, 70리 혹은 5, 60리의 지역을 제가 다스린다면 3년이
면 백성들을 풍족히 살게 할 수 있겠으나, 예악禮樂에 있어서
는 군자의 힘에 의하겠습니다."

"적아, 너는 어떠하냐?"

공서화가 대답했다.

"능히 해낼 수 있다는 것이 아니라 앞으로 배우고자 할 뿐입니다. 종묘의 제사 지내는 일과 제후들 모임에 예복과 예관 차림으로 보좌하는 작은 벼슬이나 맡아 보았으면 합니다."

"점아, 너는 어떠하냐?"

나직이 비파를 타고 있던 증석은 비파를 밀어내놓고 자리에서 일어나 대답했다.

"저는 세 사람의 생각과 다릅니다."

공자께서 말씀하셨다.

"무슨 상관이 있겠느냐. 다만 각자 자기의 뜻을 말하는 것일 뿐인데."

"저는 늦은 봄철에 봄옷으로 갈아입고 어른 대여섯 명과 아이들 예닐곱 명과 더불어, 기수沂水에서 목욕하고 무우舞雩에 올라 바람을 쐬고 노래를 부르다가 돌아오겠습니다."

공자께서 깊이 감탄하시며 말씀하셨다.

"나는 점을 따르겠다."

세 명의 제자가 나가고 증석이 뒤에 남았다가 여쭈었다.

"저 세 사람의 말을 어떻게 생각하십니까?"

공자께서 말씀하셨다.

"각자 자기의 뜻을 말했을 뿐이다."

"선생님께서는 어찌하여 유의 말을 들으시고 빙그레 웃으셨습니까?"

"군자는 예로써 나라를 다스려야 하거늘, 자로의 말에 겸양하는 빛이 없는지라, 그런 까닭에 웃었다."

"구가 말한 것은 나라를 다스림이 아닙니까?"

"어찌 사방 6, 70리나 5, 60리라 하여 나라가 아니겠는가?"

"그러면 적이 말한 것은 나라를 다스림이 아닙니까?"

"종묘의 제사를 받들고 다른 나라 제후들과 회합하는 일이 곧 제후의 일이 아니고 무엇이랴. 만약 적이 소상小相을 한다면 누가 능히 대상大相을 하겠는가."

子路 曾皙 冉有 公西華 侍坐 子曰, 以吾一日長乎爾 毋吾以也

居則曰, 不吾知也 如或知爾 則何以哉

子路率爾而對曰, 千乘之國 攝乎大國之間 加之以師旅 因之以饑饉

由也爲之 比及三年 可使有勇 且知方也 夫子哂之

求 爾何如 對曰, 方六七十 如五六十 求也爲之 比及三年 可使足民 如其禮樂 以俟君子

赤 爾何如 對曰, 非曰能之 願學焉 宗廟之事 如會同 端章甫 願爲小相焉

點 爾何如 鼓瑟希 鏗爾 舍瑟而作 對曰, 異乎三者之撰

子曰, 何傷乎 亦各言其志也 曰, 暮春者 春服旣成 冠者五六人 童子六七人 浴乎沂 風乎舞雩 詠而歸

夫子喟然歎曰, 吾與點也

三子者出 曾皙後 曾皙曰, 夫三子者之言 何如

子曰, 亦各言其志也已矣 曰, 夫子何哂由也

曰, 爲國以禮 其言不讓 是故 哂之

唯求則非邦也與 安見方六七十 如五六十而非邦也者

唯赤則非邦也與 宗廟會同 非諸侯而何 赤也爲之小 孰能爲之大

— 제11편 선진 25장

이 구절에는 네 명의 제자가 공자와 화기애애하게 담소하는 모습이 담겨있다.

공자와 그의 제자들은 학문과 인격을 도모하는 것만이 아니라, 현실 정치에 참여해서 세상을 이롭게 하는 일에 적극적이었다. 그런 까닭에 자연스럽게 등용 이후의 이야기로 흐르고 있다. 네 사람의 다른 대답이 이들의 성향을 잘 보여준다.

자로의 대답에는 그의 기질과 욕구가 드러나 있다. 공자는 빙그레 웃을 뿐이다. 나중에 증석이 묻자 "예로써 나라를 다스려야 하거늘 그의 말에는 겸양의 빛이 없는지라 웃었네"라고 말씀하신다.

염유는 작은 지방이라도 잘 다스리고 싶다는 포부를 나타낸다. 물질적으로 풍요롭게 할 자신은 있으나 문화와 정신을 다루는 일은 자기로서는 역부족이라고 말한다. 그러면서 자신보다 유덕한 사람의 힘을 바라겠다는 말에서 마음속으로부터 자신의 실태를 깨닫는 겸양이 보인다.

나중에 증석이 "염유가 말한 정도는 나라를 다스리는 일이 아니잖습니까?" 하고 묻자 "어찌 규모를 가지고 나라가 아니라고 하겠느냐?"라고 대답한다. 규모의 크고 적음보다는 내용이 중요한 것이라는 점에서 시사하는 바가 크다.

앞으로 지방화와 세계화는 거스를 수 없는 추세다. 아마도 지금과 같은 국민 국가는 이 두 방향의 진척에 따라 점점 그 역할이 축소되고 좀 더 작은 규모의 자치 단위가 세계적 네트워크로 발전하게 될 것이다.

공서화는 더욱 겸손하다. 고관대작을 바라지 않고 소관小官, 그것도 지금 할 수 있다는 것이 아니라 배워서 하겠다고 말한다. 공서화가 자신의 분수를 스스로 알았다고 생각할 수도 있다. 하지만 나중에 공자가 "그가 소상이 되겠다고 하면 누가 대상이 되겠느냐"고 말한 것을 보면 그의 겸손을 읽을 수 있다.

이런 의미에서 자신의 능력에 맞는 일을 성심을 다해 하는 것이 참된 정치의 모습이 아닐까 싶다. 상하 관념에 사로잡혀 높이 올라가려는 경쟁에 시달리는 것보다 훨씬 진실한 모습이라고 하겠다. 또한 관료주의에서 벗어나 공적 서비스로 나가야 하는 공무원에 대한 오늘날의 요구를 생각할 때 공서화의 태도는 인상적이다.

반면 증석의 대답은 다른 세 사람과는 판이했고, 스승인 공자조차 그에게 동조한다. 이것은 좀 의외라 할 수 있는데, 증석의 대답은 노자를 연상케 하기 때문이다. 여기에 공자의 진면목이 있지 않을까 싶다. 늦은 봄철에 봄옷으로 갈아입고 어른 대여섯 명과 아이들 예닐곱 명과 더불어, 기수沂水에서 목욕하고 무우舞雩에 올라 바람을 쐬고 노래를 부르다가 돌아오는 안빈낙도하는 삶, 얼마나 자유롭고 평화로운 삶인가. 그런데 그런 삶을 영위하기에는 세상이 너무 각박하다. 이런 실상은 공자 생전에도 지금과 별반 다르지 않았나 보다.

어느 날 공자가 제자들과 산속을 지나가고 있는데 호환虎患으로 자식과 남편을 잃은 여인이 통곡하는 모습을 보게 되었다. 공자가 산을 떠나 마을에서 살 것을 권하자 여인이 다음과 같이 대답하는 장면이 나온다.

"세상의 정치는 호랑이보다 더 무섭기 때문에 이곳을 떠날 수 없습니다."

공자는 이런 세상을 바로잡지 않고 일신의 평안을 위해 현실 정치를 떠나는 것은 사람 사는 도리가 아니라고 생각했던 것이다.

●

공야장 편을 보면 스승과 제간 간에 다음과 같은 대화가 오고 간다.

안연과 계로가 공자를 모시고 있을 때 공자께서 물으셨다.

"너희는 각자 어떤 사람이 되기를 바라는지 말해보아라."

자로가 말씀드렸다.

"저는 수레와 말과 옷과 가벼운 털옷가지 등을 친구와 함께 쓰다가 그것들이 해져 못쓰게 되어도 섭섭해하지 않는 사람이 되기를 원합니다."

안연이 말씀드렸다.

"저는 착한 일을 하고도 자랑하지 않고, 공을 세우고도 드러내지 않는 사람이 되기를 원합니다."

자로가 여쭈었다.

"스승님의 바람을 듣고 싶습니다."

공자께서 말씀하셨다.

"나는 노인을 편안하게 해드리고, 벗들에게 미더우며, 젊은 이를 따뜻하게 감싸주는 사람이 되고 싶구나."

스승과 제자들이 모여 앞으로 어떤 사람이 되고 싶은지, 무엇을 하고 싶은지에 대해 진솔하게 얘기를 나누는 다정한 정경이 떠오른다. 자로는 친구와의 사귐 속에서 소유로부터 자유로운 삶을 그리고 있고, 안연은 무아의 삶을 말하고 있다.

요즘 자본주의의 위기를 넘어서기 위한 대안 모색 가운데 소유가 아닌 관계를 강조하는 주장들이 있는데, 아마도 이런 논의나 지향들이 현실적 문제를 풀어나가는 과정에서 점점 넓어질 것이다.

공자의 바람 속에는 사람과의 관계 속에서 어떻게 '사이좋음'을 구현하고 싶은지 그 소박함과 따뜻함이 느껴진다. 따뜻함과 친애의 정이야말로 무소유나 무아의 삶이 자유롭게 몸에 붙는 바탕이라 할 수 있다.

임금을 섬김에 예를 다하는 건 아첨이 아니다

事君盡禮人 以爲諂也

공자께서 향리에 계실 때는 부드럽고 공손하시어 마치 말을 못하는 사람 같으셨다. 그러나 종묘나 조정에 나가셨을 때에는 거침없이 분명하게 말씀하시되 끝까지 신중하셨다.

孔子於鄕黨 恂恂如也 似不能言者 其在宗廟朝廷 便便言 唯謹爾

— 제10편 향당 1장

조정에 나가셔서 하대부下大夫들과 말씀하실 때에는 화락和樂하셨으며, 상대부上大夫들과 말씀하실 때에는 공손하셨다. 임금이 계시면 경건하시면서도 태연하셨다.

朝與下大夫言 侃侃如也 與上大夫言 誾誾如也 君在 踧踖如也 與與如也

— 제10편 향당 2장

마을 사람들과 술자리를 같이 하셨을 때에는 노인이 나간 다

음에라야 나가셨다. 마을 사람들이 나례儺禮를 지내면 조복을
입으시고 동쪽 섬돌에 서 계셨다.

鄕人飮酒 杖者出 斯出矣 鄕人儺 朝服而立於階

— 제10편 향당 10장

향당 편은 공자의 일상생활을 그리고 있다. 공자가 실천한 예
禮의 모습을 제자들이 기록한 것이다.

예는 문화라고 할 수 있다. 문화는 넓은 의미로 그 시대 사람
들의 공통된 생활양식을 말한다. 예가 추구하는 본질은 시대를
넘어 보편적인 것이지만, 구체적 형식은 그 시대와 사회적 분위
기에 따라 특수하게 나타난다. 인간에 대한 공경과 예의는 보편
적이지만 그것을 나타내는 구체적 행위나 형식은 그 시대적 상
황을 떠나서 이해하기 어렵다.

따라서 공자가 살던 당시가 봉건군주 시대, 가부장 시대라는
것을 염두에 두고 읽어야 한다. 봉건적, 군주제적, 가부장적 질
서는 공자가 살아가야 했던 환경이다. 그 환경 속에서 인간의
보편적인 이상을 실현하려 했던 공자의 인간적인 모습을 이해
하며 읽으면 된다. 특히 이 향당 편을 읽을 때는 이런 점에 유념
할 필요가 있다.

●

공자의 고뇌는 《논어》 여기저기서 찾아볼 수 있다.

팔일 편 18장에 보면 "임금을 섬김에 예를 다하는 것을 사
람들은 아첨한다고 하는구나"라는 공자의 말 속에서 자신이

사람들에게 이해받지 못한 데 대한 인간적 안타까움이 잘 나타나 있다.

공자를 폄훼하고 비판하는 내용을 보면 벼슬에 연연하는 소인배, 권력에 대한 아첨, 봉건 질서에 대한 옹호자, 완고한 복고주의자 등이 대표적인데, 봉건제나 군주제를 넘어서는 근대 혁명의 시기에 그럴 만한 필요에 부응해서 나타난 것들은 이해하지 못할 바도 아니다. 하지만 이미 공자 생존 당시에도 그런 비난이나 비아냥거림은 있었던 것이다.

사실 공자와 동시대 사람들의 비판이나 비난은 현실 인식이나 가치관이 다른 데서 오는 것은 그럴 수 있지만, 공자가 선택한 정치 질서와 그것을 실천하기 위한 실제적 활동에 대한 몰이해에서 오는 것도 많았다.

공자의 사상, 현실에 대한 판단, 사람에 대한 성찰 등은 나중에 정치적으로는 제자인 맹자에 의해 왕도 정치 사상과 역성 혁명과 같은, 당시로서는 가장 보편적인 진보 정치 사상, 즉 민본 사상으로 발전한다. 공자는 당시 사회에서 인민의 행복을 위해서는 요순堯舜과 같은 성군聖君에 의한 안정된 군주 정치가 이상적인 방안이라고 생각하고 이것을 구현하기 위해 적극적으로 현실 정치에 참여했다.

임금에 대한 예의도 그 연장선상에 있기도 하지만 자한 편 9장에 나와 있는 다음 문장에서 알 수 있듯이 아첨과는 본질적으로 달랐다.

"공자께서는 상복을 입은 이나 관복을 입은 이나 눈먼 이를 만나면 비록 나이가 젊어도 꼭 일어나시며, 이들을 지나실 때에는 반드시 종종걸음으로 걸으셨다."

공자께서 깍듯이 예를 차린 사람을 열거했는데 상복을 입은 사람, 관복을 입은 사람, 장님을 함께 이야기한 것이 흥미롭다. 이 부분은 심층의 의식이 상하 관념으로부터 자유로운 사람에게 예란 무엇인가를 생각하게 한다. 특히 민주주의 사회에서 공권력에 대한 존중에 대해서 생각해볼 일이다.

진정한 민주주의라면 공무원이 과거의 관료적이고 권위적인 의식을 변혁하여 공공의 서비스를 한다는 의식으로 변화해야 하는 것은 말할 것도 없다. 국민의 공권력에 대한 태도 또한 굴종적인 의식 못지않게 저항감이나 대립감에서 벗어나 상호 존중하는 방향으로 바뀌어야 한다.

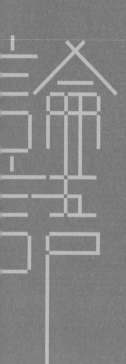

정치는 사람을 사랑하는 구체적 기술이다

먼저 명名을 바로 세운다

必也正名

자로가 여쭈었다.

"위나라 임금께서 선생님께 정치를 맡기신다면 무엇을 가장 먼저 하시겠습니까?"

공자께서 말씀하셨다.

"반드시 명名을 바로 세울 것이다."

자로가 말씀드렸다.

"현실과는 먼 말씀이 아니신지요. 어찌 명名을 먼저 세운다 하십니까?"

공자께서 말씀하셨다.

"자로야, 너는 참 비속하구나. 군자는 자기가 알지 못하는 일에는 입을 다무는 법이다. 명이 바로 서지 않으면 말이 불순해지고, 말이 불순해지면 일이 이루어지지 않으며, 일이 이루어지지 않으면 예악이 일어나지 못하고, 예악이 일어나지 못하면 형벌이 적절하게 집행되지 못하고, 형벌이 잘 집행되지 않으면 백성들이 손발 둘 곳이 없게 된다. 따라서 군자가 명을 바로 세우면 반드시 말이 서고 말이 서면 반드시 행해지게 될 것이니, 군자는 말을 세움에 있어 조금도 소홀함이 없어야 한다."

子路曰, 衛君 待子而爲政 子將奚先

子曰, 必也正名乎

子路曰, 有是哉 子之迂也 奚其正

子曰, 野哉 由也. 君子於其所不知 蓋闕如也 名不正 則言不順
言不順 則事不成 事不成 則禮樂不興 禮樂不興 則刑罰不中
刑罰不中 則民無所措手足 故 君子名之 必可言也 言之 必可
行也 君子於其言 無所苟而已矣

— 제13편 자로 3장

자로가 공자에게 "정치를 맡게 된다면 무엇부터 하시겠습니
까?" 하고 묻자 공자는 "명을 바로 세우겠다正名"라고 대답한
다. 그러자 자로는 "현실과 너무 동떨어진 생각이 아닙니까"라
고 반문한다. 현실에서 풀어야 할 난제들이 얼마나 많은데 한
가로이 명名이나 세우고 있느냐고 힐문하는 것이다. 이때 공자
는 단호한 어조로 자로를 비속하다野고 나무란다.

중국 현대사에 큰 역할을 한 마오쩌둥도 이 점에서는 공자와
비슷한 생각을 가지고 있었던 듯하다. 고난의 시절에 마오쩌둥
이 철학의 중요성을 강조하자 많은 사람들이 자로와 같은 반응
을 보인 것이다. 그때 마오쩌둥은 그에 대해 "바로 이런 때야말
로 철학이 필요한 시기다"라고 말한다. 정명의 중요성을 인식
했음을 알 수 있다.

중국은 건국 이후 수많은 시행착오를 겪었는데 또 한 사람의
걸출한 인물인 덩샤오핑에 의해 새로운 정명에 성공함으로써
개혁과 개방 그리고 사회주의 시장경제를 정착시킬 수 있었다.

이제 G2로 부상한 중국은 그동안 새롭게 발생한 내부 모순을 포함하여 세계 인류의 근본 문제를 해결하기 위한 21세기 인류적 정명에 직면하고 있다.

앞서 나눈 공자와 자로의 대화는 오늘을 살아가는 우리에게도 많은 시사점을 준다. 어쩌면 현대사회에 훨씬 더 울림이 큰 대화라 할 수 있다. 지금 시대가 그만큼 풀어야 할 난제가 많은 탓이라 하겠다.

흔히 정명正名을 '명분을 바르게 하는 것'으로 해석한다. 명분名分이라는 말은 과거 왕조시대나 전체주의, 독재 치하에서 집권자들이 그럴듯한 형식 논리로 견강부회牽强附會하며 스스로를 합리화하거나 권력을 획득하거나 유지하려 할 때 흔히 사용하던 말이었다. 그런 까닭에 지금에 와서는 좋은 의미로 들리지 않을 수도 있지만, 말의 참뜻을 자세히 살펴보면 대단히 중요한 의미를 내포하고 있음을 알 수 있다.

정명을 현대적 용어로 표현한다면 '시대정신의 구현을 위한 종합철학을 바로 세우는 일'이라고 할 수 있다. 풀어야 할 난제가 많을수록 또 그런 문제들에 대한 해결 방법이 서로 모순되어 보일수록 먼저 명분名을 바로 세워 방향을 잡아야 구체적인 행동지침이 나올 수 있기 때문이다. 이것은 오늘날과 같이 복잡다단하고 수많은 관계 속에서 갈등하는 우리에게 꼭 필요한 해법이 아닐까 싶다.

과거의 진보니 보수니 좌니 우니 하는 고정된 시각으로는 지금의 시대적 요구를 종합적으로 파악하기가 힘들다. 지금까지의 관점에서 보면 모순되어 보이는 요소들이 이제 상호보완하고 인간 진화를 위한 길에서 함께 나가야 할 동반자라는 관점이 우리가 세우고자 하는 종합철학이다. 민주화와 물질적 생산력의 향상 등은 과거에 비해 종합철학이 많은 사람들에게 받아들여질 수 있는 객관적 조건을 만들어왔다. 다만 사람들의 의식이 이에 따르지 못하는 것이다. 과거의 좌우, 보수와 진보, 자본계와 노동계 등의 고정관념과 그에 기반을 둔 낡은 정치가 가장 큰 장애가 되고 있다.

역사 발전 단계로 볼 때 지금 우리 사회는 과거의 패러다임에서 새로운 패러다임으로 전환하고 있는 과도기라 하겠다. 이 시기를 살아가는 당사자들에게는 극심한 혼돈 과정 속에 있는 것처럼 느껴지겠지만, 역사의 흐름 속에서 보면 새로운 시대정신이 출현하기 위한 필연적인 모습이라고 하겠다.

공자는 정명이 안 되면 언言이 불순해진다고 했다. 요즘 말로 표현하면 정합성이 약해지고 그러다 보면 실행력을 갖기 어렵다는 것이다. 실행력이 약하면 문화禮樂가 발달하기 힘들고, 도덕이 땅에 떨어져 사람들이 법망을 피하는 데 급급하게 되며, 대중들이 삶의 지표를 잃고 방황하게 된다.

세계화는 인류 역사가 나아가야 할 방향이다. 이제 정명正名도 세계적 범위에서 이루어져야 한다. 전쟁, 양극화, 지구환경 문제를 포함해서 전체 인류의 복지와 자유를 위해서는 인류적 차원에서 정명이 이루어져야 한다.

신생 독립국에서 출발하여 선진국의 문턱에 진입하려는 우리나라야말로 어떤 측면에서 보면 이런 인류적 정명을 하는 데 가장 적격일 수 있다.

선진국과 개발도상국의 상생, 성장과 지구환경, 세계화와 나라의 자주성, 전쟁과 평화, 자본주의의 변화에 대한 요구, 세계

열강의 새로운 질서 등 지금의 세계가 제기하는 문제의 한복판에 있는 이 땅에서 이런 일을 우리가 빛나게 이룰 수 있다면 얼마나 좋겠는가! 지금이야말로 우리 시대의 정명과 그것을 실현할 수 있는 주체의 형성이 간절히 요청되는 때라 하겠다.

●

지난 반세기 동안 우리나라가 겪어온 과정은 과히 혁명이라고 부를 만하다. 제2차 세계대전 이후 우리나라는 식민지 국가에서 독립해 나라의 명운이 밝아지는 듯했지만, 6.25전쟁으로 400만 명 이상이 목숨을 잃었고, 인구 1인당 GNP 80달러의 세계 최빈국으로 고통을 겪었다. 그런데 불과 반세기만에 세계 10위권에 드는 부국이 되었고, 근대적 민주주의를 정치 전통으로 정착시켰다.

이처럼 세계사에 보기 드문 비약적 성공을 거둘 수 있었던 원동력은 무엇일까? 바로 우리에게 주어진 시대정신을 잘 구현했기 때문이다. 1960년대와 1970년대는 '빈곤으로부터의 해방'이 시대정신이었다. 산업화가 그것이다. 1980년대 이후는 '독재로부터의 해방'이 시대정신이었다. 민주화가 그것이다.

각각의 시기마다 시대정신을 구현한 정권과 지도자도 물론 있었지만, 우리 국민의 현실적 요구와 헌신적 노력이 시대정신을 구현하게 한 가장 근원적 힘일 것이다. 어떤 점에서 보면 그 순서도 절묘하다. 만일 민주화와 산업화의 순서가 바뀌었다면 어땠을까? 아마도 지금과 같은 성취는 어려웠을 것이다.

이러한 성과 위에서 21세기에 들어 새로운 시대정신이 또다시 요구되고 있다.

지금은 그 과도기이자 숙성기라 할 수 있다. 과거 산업화 시대나 민주화 시대의 사고방식이나 방법으로는 해결하기 힘든 새로운 과제들에 직면하고 있다. 이 과제들을 해결하기 위해서는 우선 정치 영역에서 지금까지의 고정된 사고의 틀에서 근본적으로 벗어날 필요가 있다.

일제강점기와 6.25 그리고 독재와 냉전시대를 거치면서 좌우와 보혁의 관계가 심하게 왜곡되어온 것이 그동안 우리 역사였다면, 이제 그 극한적 대립과 갈등을 해소하여 생산적 경쟁을 통한 상생의 관계로 전환할 때가 되었다. 그것이 우리가 후퇴하지 않고 앞으로 나아갈 수 있는 바탕이다.

일반적으로 보수는 자유를, 진보는 평등을 더 중시한다. 이 기조를 양 날개로 한 사회가 정상적으로 기능하는 것이다. 그동안의 굴절된 역사 속에서 완고하게 굳어버린 고정관념을 깨기 위해서라도 그동안 대립해왔던 분야에서 서로 역지사지易地思之할 필요가 있다.

보수와 진보가 서로 입장 바꿔 생각할 수 있다면 보수 쪽에서 말하는 선진화와 진보 쪽에서 말하는 인간화가 서로 보완하고 삼투하게 될 것이며, 이 두 날개로 시대정신을 구현해갈 수 있을 것이다. 이러한 과정은 정치적 변화만으로는 불가능하다. 정치와 더불어 시장과 시민, 세 영역이 서로의 변화를 뒷받침할 때 비로소 가능하다.

시장의 인간화에 대해서는 뒷장에서 다루기로 하고 여기서는 시민영역이 어떤 역할을 할 수 있는지 살펴보자. 시민운동의 정치나 시장에 대한 비판 감시자로서의 기능도 여전히 남아 있고 우수한 인력을 정치권에 공급하는 역할도 하겠지만, 점차 정치와 시장이 정상화되는 것과 함께 시민운동은 여러 차원의 거버넌스의 확대와 인문운동을 가장 중요한 영역으로 삼게 될 것이다.

종교가 다르거나 종교의 유무를 넘어서 물신物神의 지배와 이기利己의 늪에서 벗어나는 의식의 진보, 그리고 그것을 생활 속에 뿌리내리는 것이다. 남을 배려하고 서로 양보하는 삶을 사는 사회적 기풍을 만들어가는 것이다. 또 여러 분야에서 시민의 자치와 참여를 확대해가며 그 속에서 자율과 협동의 새로운 문화를 만들어가는 것이다. 그러기 위해서는 자연친화적이며 생태적 삶으로 전환하는 진정한 웰빙과 자녀 교육에 관한 의식의 혁명적 전환이 절실하게 요구된다.

그런데 이 모든 것은 강제나 규율로 이룰 수가 없다. 어디까지나 개인의 자각과 자발성에 바탕을 두어야 한다. 이러한 현대의 '인문운동'이 시민영역에서 광범하게 뿌리내릴 때 비로소 선진 제도들이 출현할 수 있는 배경이 된다. 그리하여 국가, 시장, 시민의 세 영역이 서로 협력하고 스며들면서 선진화와 인간화라는 시대정신을 구현한다면 선조들이 품었던 홍익인간이라는, 인류사에 빛날 모델을 마침내 우리가 창조할 수 있지 않겠는가.

덕으로써 정치를 구현하다

爲政以德

공자께서 말씀하셨다.

"덕德으로써 정치를 한다면 마치 북극성이 제자리에 있어도 여러 별들이 이를 향하여 도는 것과 같다."

子曰, 爲政以德 譬如北辰 居其所 而衆星 共之

— 제2편 위정 1장

위정 편에서 이 구절을 읽다 보면 스스로에게 이런 질문을 던지게 된다.

지금의 세상은 무엇을 향하여 돌고 있는가?

지금의 정치는 무엇을 향하여 돌고 있는가?

당신의 북극성은 무엇인가?

인간이라면 누구나 바라는 북극성은 무엇일까? 아마도 행복일 것이다. 사람은 누구나 자유롭고 행복하게 살기를 바라지만 사람이 모여 사회를 이루다 보면 대립, 갈등, 투쟁이 끊이질 않는다. 이 근본 모순을 해결하는 것이 정치의 이상일 것이다. 근대 혁명을 거치면서 사회제도나 물질적 조건은 과거와 비교할 수 없을 만큼 발전했지만 진정한 이상 정치의 실현은 멀게만 보인다.

공자 시대의 덕치德治는 제왕의 길, 치자治者의 도일지 모르지만, 치자와 피치자의 동질성을 바탕으로 하는 오늘날의 민주주의에서 덕의 주체는 주권자인 국민이다. 따라서 자각과 자율이 핵심을 이룬다. 아무리 제도를 잘 갖춰놓아도 그것을 제대로 운용할 수 있는 사람이 준비되지 않으면 이상적인 세계로 나아가지 못하고 오히려 여러 가지 왜곡된 형태로 변질되기 쉽다.

지금의 실정을 보면 제도에 비해 사람의 의식이 뒤처지는 불균형 현상이 그 어느 때보다 두드러진다. 물론 제도도 계속 발전시켜가야 하겠지만, 이 불균형을 시정하는 것이 이상 정치 실현의 중심 과제라 하겠다.

이런 이유로 이 시대에 가장 절실한 숙제는 의식의 진보이고, 이때 진보 의식이란 공자가 말한 덕을 가리킨다. 덕으로써 정치를 한다면 주변의 흐름이 덕을 향해 움직이게 되어 있다. 이것이 순리다.

●

안연 편 22장을 보면 번지라는 제자가 공자께 인仁에 대해 묻는다. 그때 공자는 "사람을 사랑하는 것이다愛人"라고 대답한다. 그러나 사람들이 인에 대해 물을 때마다 공자의 대답은 달라졌다. 묻는 사람의 수준과 당시 정황에 따라 다양하게 답변한 것이다. 어떤 이에게는 인을 극기복례克己復禮라 하고, 어떤 이에게는 충서忠恕라고 하고, 또 다른 이에게는 박시제중博施濟衆이라고 답했다. 그리고 번지의 물음에는 "사람을 사랑하는 것이다"라고 간단명료하게 대답했다. 이것은 동서고금을 막론하고 모든 성현이 공통적으로 이야기하는 것이고, 세계 인류가 궁극적으로 진화해야 할 목표라는 데는 이견이 있을 수 없다.

그런데 구체적으로 어떻게 하는 것이 사람을 사랑하는 것인가에 대해서는 시대와 사회, 문화에 따라 대답이 다를 수 있다. 번지가 이어서 "지知는 무엇입니까?" 하고 묻자, 공자는 "사람을 알아보는 것이다知人"라고 말한다. 전후 문맥으로 보아 인仁과 지知를 결부하여 답한 것으로 보인다. 사람을 사랑하는 것은 사람을 알아보는 데서부터 실현된다고 말한 것이다.

번지가 이를 잘 이해하지 못하자, 공자가 "인은 바른 정치의 요체인 인사人事다"라고 설명한다. 그리고 "곧은 사람을 등용하여 굽은 사람 위에 놓으면 굽은 사람도 능히 곧게 할 수 있는 것이다"라고 말한다. 즉 인이란 사람들 간의 관계 속에서 실현되는 것인데, 그 관계 속에서 사람들이 올바르게 배치되는 것이 가장 중요하다는 것이다.

위정 편 21장에는 "《서경》에 이르기를 '효도하라. 오직 효도하고 형제간에 우애하라. 그러면 거기에 늘 정치가 있다'고 하였다. 그리고 뒤이어 "이것이 정치를 하는 것이니, 어찌 정치를 따로 할 것이 있겠는가"라는 문장이 나온다. 이와 같이 공자에게 정치란 모든 인간관계에 통용되는 원리를 가리키는 말이었다.

번지라는 제자가 그다지 총명한 사람이 못 되어 공자가 말한 바를 바로 깨닫지 못하고 자하에게 그 뜻을 되물었다. 그러자 자하는 "뜻이 넓고 큰 말씀이오. 옛날 순 임금이 천하를 차지하고 여러 사람 중에서 고요皐陶를 등용하자 어질지 아니한 자들이 멀리 사라졌으며, 또 탕 임금이 천하를 차지하고 여러 사람 중에서 이윤伊尹을 골라 등용하시자 어질지 아니한 자들이 멀리 사라졌소"라고 부연 설명한다. 자하는 인을 정치의 요체로 받아들였던 것이다. 즉 '정치란 사람을 사랑하는 구체적 기술技術이다'라는 공자의 이상을 나름대로 파악하고 있었던 것이다.

선어중거고요選於衆 擧皐陶(여러 사람 가운데 고요를 골라 등용)라는 말에서 '선거選擧'라는 말이 나오는 것도 자못 흥미롭다. 과거에는 군주가 주체가 되어 '선거'했지만 지금은 국민이 주체가 되어 '선거'를 치른다. 예전에는 성군聖君이라야 '선거'가 제대로 되었다면 지금은 국민의 수준이 좌우한다.

최근 여러 가지 사건들을 통해 우리 사회의 부패가 얼마나 심각한지를 보면서 좌절감을 느끼는 사람도 많을 것이다. 그러나 그럴수록 정치적 허무주의나 냉소주의가 흐르는 대신 공자의 이상처럼 '정치야말로 사람을 사랑하는 가장 중요한 기술이다'라는 생각으로 선거에 임하는 것이 중요하다. 인사人事가 만사萬事라는 것은 체제와 시대를 넘어서는 보편적 진리라고 할 수 있다.

정치가 이익을 중심으로 권력을 쟁탈하는 이전투구의 장이 아니라, 사람들이 서로 사랑하도록 돕는 조화의 예술이 되기 위해서는 성숙한 시민의식이 중요하다. 밝고 성숙한 시민의식이야말로 선거와 인간화를 위한 정치 변혁의 강력한 도구로 만들 수 있기 때문이다. 이것이 시대를 초월해 공자가 오늘날 우리에게 던지는 메시지이자 우리의 신인문운동이 정치 분야에서 이루어야 할 목표다.

이 구절을 좁은 의미의 정치로 축소 해석했다는 생각이 들기도 한다. 아마도 논어를 제자들이 편집하는 과정에서부터 그렇게 되었을 수도 있다. 부모에게 "자식을 사랑하는가?"라고 물으면 대체로 서슴없이 "그렇다"라고 대답할 것이다.

그런데 자식에 대해 얼마나 알고 있는지를 물으면 어떨까? 자녀가 무엇을 하고 싶어 하는지? 무엇을 잘 하는지? 어떤 색을 좋아하는지? 어떤 꽃을 좋아하는지? 혹시 부모가 생각하고 원하는 것을 자식에게 투영하고 있지는 않은지 잘 볼 일이다. 그것은 부모의 집착이지 진정한 사랑이 아니다. 모든 면에서 진정한 사랑은 그 사람을 아는 것에서 시작한다.

역할을 즐기는 자와 권력을 즐기는 자

知爲君之難

정공이 공자께 여쭈었다.

"한마디의 말로 나라를 흥하게 할 수 있다니, 그런 말이 있습니까?"

공자께서 대답하셨다.

"말 한마디로 그 뜻을 나타낼 수 없거니와, 사람들이 일러오기를 '임금 노릇하기가 어렵고, 신하 노릇하기도 쉽지 않다'고 하였으니, 만일 임금 되기가 어려운 줄 안다면 이것이 한마디 말로 나라를 흥하게 한다는 말에 가깝지 않겠습니까?"

정공이 말했다.

"한마디 말로 나라를 잃는다 하니, 그런 말이 있습니까?"

공자께서 대답하셨다.

"한마디 말로 그 뜻을 나타낼 수 없거니와, 사람들이 일러오기를 '나는 임금이 된 것이 즐거운 것이 아니고, 내가 말을 하면 아무도 나를 어기지 못하는 것이 즐거울 뿐이다'라고 하였으니, 만일 임금의 말이 옳기 때문에 아무도 어기지 못한다면 또한 좋은 일이 아니겠습니까? 그러나 만일 그 말이 옳지 않은데도 어기지 못한다면 이것이 한마디 말로 나라를 잃는다는 말에 가깝지 않겠습니까?"

定公問 一言而可以興邦 有諸 孔子對曰, 言不可以若是其幾也

人之言曰, 爲君難 爲臣不易 如知爲君之難也 不幾乎一言 而

興邦乎 曰, 一言而喪邦 有諸 孔子對曰, 言不可以若是其幾也

人之言曰, 予無樂乎爲君 唯其言而莫予違也 如其善而莫 之違

也 不亦善乎 如不善而莫之違也 不幾乎一言而喪邦乎

— 제13편 자로 15장

이 구절 속에서 공자는 위정자의 됨됨이가 어떠해야 하는지를
잘 지적하고 있다. '나라를 흥하게 하는 한마디'와 '나라를 망
하게 하는 한마디'가 있겠느냐는 질문에 공자는 한마디로 표현
하기는 어렵다고 하면서도 위정자의 태도에 빗대어 명쾌하게
설명하고 있다.

공자는 위정자를 나라를 흥하게 하는 자와 나라를 망하게 하
는 자로 구분하고 있다. 요즘 말로 하면 일(역할)을 즐기는 자와
권세를 즐기는 자로 나누어 설명한 것이다. 임금 노릇의 어려움
을 알고 거기서 즐거움을 느낄 수 있다면 나라를 흥하게 하는
훌륭한 위정자라 하겠다.

반면에 사람들이 자기 말을 거스르지 않는 것을 즐기는 자,
즉 자기의 권세와 위력을 즐기는 데 몰두한다면 나라를 망치는
위정자라 하겠다. 이러한 통찰은 시대를 넘어 정치의 요체를 잘
설명하고 있으며, 공자 시대 못지않게 민주주의 시대인 현대사
회에 더욱 중요한 요소가 아닐 수 없다.

민주주의가 발전할수록 정치의 목적은 권력을 쟁취하는 것

에서 상생과 조화를 만들어내는 방향으로 바뀐다. 힘이 지배하는 동물계의 질서가 아니라 모두의 자유와 행복을 추구하는 진정한 의미에서 인간의 정치가 출현하는 것이다. 그것이 우주 진화의 순리다.

그러나 아직까지 사람들의 의식이 그에 상응하지 못하고 있는 것이 현실이다. 옛날과 비교하면 놀라울 만큼 인간의 의식이 발전한 것은 사실이지만, 권력을 지향하는 정치인의 의식은 제도의 변화에 비해 구태를 벗어나지 못한 경우가 더 많다. 지도자를 선택하는 국민의 판단도 늘 옳은 것만은 아니었다.

그러므로 이제는 국민이 좀 더 높은 안목으로 지도자를 선출해야 하고, 정치를 지향하는 사람들의 목적도 개인의 영달이 아니라 인류 전체의 행복과 평화를 위한 인간화 정치로 바뀌어야 한다. 위정자의 가치관이 바로 설 때 비로소 나라가 흥하고 선진국으로 나아갈 수 있다.

공자가 생각하는 훌륭한 위정자는 어떤 사람이었을까?《논어》를 토대로 짐작해보면 다른 사람을 지배하려는 권력 의지의 포로가 아니라 아집 없이 소통하면서 널리 세상을 이롭게 하는 정치 본연의 역할에 충실한 사람이라 할 수 있다. 이런 사람이야말로 지금의 민주주의 사회에서 요구되는 위정자 상이라 하겠다.

이미 대통령 선거를 향한 본격적인 대권 경주가 시작되었다. 자천 타천으로 경주에 뛰어든 사람들은 스스로 '나는 왜 대통령이 되고 싶은가?'라고 진지하게 되물어야 한다. 국민들도 여러 가지 판단 기준으로 선택하겠지만, 그중에서도 대권주자들이 이 물음에 얼마나 진지한가를 중요한 잣대로 삼아 그것을 판별

하는 안목을 키워야 한다.

언젠가 우리나라 역대 대통령 가운데 한 분이 "대통령 노릇하기가 힘들다"고 자신의 심정을 토로한 적이 있다. 이 말이 사람들이 자기 말을 따르지 않는 것에 대한 불편함을 토로한 것이 아니라 공자가 말한 지위군지난知爲君之難과 통하는 것이라면 훌륭한 위정자의 품성을 드러낸 말이 아니겠는가.

민주주의 사회에서 위정자의 가장 큰 덕목은 아집에서 벗어나 이해관계와 관점이 다른 사람들이나 집단이 서로 소통할 수 있는 품성이다. 이것을 유약함으로 치부해서는 안 된다. 오히려 진정한 권위와 힘은 부드러움 속에서 나온다는 사실을 이해해야 한다.

대통령 노릇하기 힘듦을 아는 것은 역할을 제대로 인식하고 정치의 목적이 권력의 쟁취나 실현이 아닌 국민의 행복 증진임을 안다는 뜻과도 같다. 자신이 맡은 역할이 힘들 수는 있지만 아집이 없다면 그 역할을 즐길 수 있다.

●

안연 편 11장에서 제나라 경공이 정치에 관해 묻자 공자는 이렇게 대답한다.

"임금은 임금다워야 하고, 신하는 신하다워야 하며, 아비는 아비다워야 하고, 자식은 자식다워야 합니다."

이 구절의 뜻은 '모든 사람은 사회적 존재이며, 누구나 사회 집단 안에서 일정한 지위를 가지고 그 지위에 맞는 역할을 수행한다'는 것을 의미한다. 그 구체적 행동을 사회학에서는 역할 행동이라고 하는데, 가령 부모, 아내, 자식과 함께 사는 가정에서 내 경우 아버지, 남편, 아들이라는 지위를 갖게 되고, 그에 상응하는 역할 행동을 하게 된다. 이때 역할 행동이 좋으면 칭송을 받지만 나쁘면 비난을 받는다. 역할 행동이 좋다는 것은 흔히 하는 말로 '~답게 행동'하는 것을 말한다.

그런데 요즘 사람들 중에는 '~다워야 한다'는 말에 거부감을 느끼거나 때로는 그것을 거부하는 것을 오히려 자랑스러워한다. 물론 거기에는 그럴 만한 이유가 있을 것이다. 지위에 기대되는 역할이라는 것이 그 시대의 사회제도나 문화 수준과 밀접하게 닿아있기 때문에 보수적인 가치로 보이는 탓이다.

오늘날 가부장제도에서 추구하는 여성의 역할은 일반적으로 낡은 것으로 치부된다. 절대군주제에서 군주와 신하의 역할도 마찬가지로 민주주의 사회에서는 맞지 않다. 그러다 보니 과거의 인습이나 관행과 결합되어 있던 역할을 거부하는 것은 선善이 되고, 그것을 깨뜨리는 것은 일종의 혁신이 된다. 어쩌면 이것은 당연한 시대의 진화 과정이라 하겠다.

그렇다고 해서 과연 '~다움'마저 혁파의 대상이 되어야 하는지에 대해서는 의문이 든다. 예컨대 여성다움에 대해 말한다면 여성다움에 붙어 있던 비정상적인 것들을 거부하고 깨뜨리는 것은 여성다움을 없애는 과정이 아니라 오히려 과거의 왜곡에서 벗어나 진정한 여성다움을 찾아가는 과정이라고 할 수 있다. 지금 어떤 면에서 가치관의 혼란이 나타나는 것은 이 과정이 진행 중에 있기 때문이다.

따라서 "임금은 임금다워야 하고, 신하는 신하다워야 하며, 아비는 아비다워야 하고, 자식은 자식다워야 한다"는 말을 봉건제도를 옹호하는 낡은 이론으로 치부하는 것은 지나치게 단편적으로 이해한 것이라 하겠다.

　가령 현대 민주주의 사회에서 대통령다움, 공무원다움, 아버지다움, 아들다움은 무엇일까? 이것은 우리 사회의 정상적이고 조화로운 삶을 위해 절실하게 묻고 또 물어야 할 질문이다. 일정한 지위를 가지고 역할을 수행하며 상호작용하는 인간 존재의 특성에 비추어볼 때, 이 역할 행동들이 조화를 이루는 것이야말로 사회가 성숙해가는 데 결정적인 요소로 작용한다. 공자는 이것을 정치라고 말하고 있다.

　아버지가 아버지다워야 하고, 아들이 아들다워야 한다는 표현은 보편적인 사회적 존재로서의 인간에 대한 통찰이라고 할 수 있다. 또한 아버지가 아버지답게, 아들이 아들답게 사는 사회가 정상적이고 건강한 사회다.

　정치란 바로 이런 사회를 만들어가는 예술이 아니냐고 공자가 우리에게 되묻는 듯하다.

백성의 믿음이 없으면 나라가 바로 서지 못한다

民無信不立

자공이 정치에 대하여 여쭈자 공자께서 말씀하셨다.

"식량을 풍족하게 하고, 군비軍備를 충족하게 하며, 백성이 믿게 하는 것이다."

자공이 다시 여쭈었다.

"부득이 셋 중 하나를 버려야 한다면 어느 것을 먼저 버려야 합니까?"

"군비를 버려야 한다."

자공이 다시 여쭈었다.

"또 부득이 둘 중 하나를 버려야 한다면 어느 것을 버려야 합니까?"

"식량을 버려야 한다. 예로부터 사람에게는 다 죽음이 있기 마련이거니와, 백성의 믿음이 없으면 나라가 바로 서지 못하게 된다."

子貢 問政 子曰, 足食足兵 民信之矣 子貢曰, 必不得已而去 於斯三者何先 曰, 去兵. 子貢曰, 必不得已而去 於斯二者何先 曰, 去食 自古皆有死 民無信 不立

— 제12편 안연 7장

이 구절에는 정치에 대한 공자의 깊은 통찰이 잘 드러나 있다. 하지만 혹자는 현실을 모르는 지나친 이상주의라거나, 오늘날과 같은 물질을 둘러싼 경쟁과 대립이 치열하고 국가 간 군비 경쟁이 조금도 수그러들지 않는 세상에서 공자의 말은 한가한 백일몽처럼 들린다고 타박할지도 모르겠다. 그러나 잘 살펴보면 정치의 요체를 간명하게 말하고 있음을 알 수 있다.

그 근거로 첫째는 '족식족병足食足兵이면 민民이 신지의信之矣니라'는 말이다. 식食과 병兵은 신信의 조건이다. 이것은 지극히 현실적인 부분이다. 식량이 풍부하고足食 외부로부터의 침략에 대비할 수 있는 국방력足兵이 갖추어져야 백성들 사이에 믿음이 생긴다. 요즘 말로 하면 경제와 안보가 튼튼해야 국민이 정부를 믿고 신뢰하는 기풍이 조성된다는 뜻이다.

둘째는 '부득이 이 셋 중에서 버려야 한다면 어떤 순서로 버릴 것인가'라는 질문에 대해 병兵, 식食, 신信의 순서라고 말한 것이다. 물질과 군비가 발달한 오늘날 왜 우리 모두가 그토록 바라는 이상 사회가 요원하게 느껴지는가를 생각해볼 때 그것을 풀 수 있는 요체가 공자가 말한 버림의 순서에 있지 않을까 싶다.

물질적 조건인 식食과 병兵보다 정신적 조건인 신信이 더 결정적 요소이다. 이것은 비단 이상주의적 생각에 그치는 것만은 아니다. 물질적 풍요가 정신적 성숙과 결합되지 않을 때 물질적 풍요는 오히려 재앙이 될 수도 있다. 부의 양극화, 부정부패, 배금주의 등은 상호불신의 사회풍조를 만연시켜 위험한 사회가 되기 쉽고, 투자나 소비가 위축되어 결과적으로 물질적 풍요 자체를 위협하는 부메랑이 되어 돌아올 수 있다.

현대사회의 국방력은 그 나라의 경제와 과학기술 수준에 크게 달려있다. 하지만 가장 중요한 것은 만일 전쟁이 일어났을 때 궁극적으로 승패를 좌우하는, '왜 싸워야 하는가'에 대해 그 나라 국민이 얼마나 공감하고 자각하고 있느냐에 달려있다는 점에서는 예나 지금이나 마찬가지라 하겠다.

이때 나라를 위해 싸워서 지키려는 의지는 어디에서 올까? 그것은 자기 나라가 지켜내려는 가치에 대한 구성원 상호간의 신뢰에서 비롯된다. 이러한 믿음이 없다면 아무리 거대한 병력과 첨단 무기가 있더라도 나라를 지켜낼 수 없다. 민무신불립民無信不立은 이런 측면에서 지극히 중요한 가치라 하겠다.

●

예전에는 은행에 돈을 저축하는 것이 돈을 잃어버리지 않을 가장 안전한 방법이라고 믿었다. 그런데 이런 믿음이 IMF사태를 맞으면서 깨지기 시작하더니 급기야 2011년 저축은행 사태에서는 극에 달한 것 같다. 저축은행이 저지른 천문학적 숫자의 부패와 부조리 앞에서 서민들의 눈물어린 꿈들이 어떻게 배반당하는지를 생생하게 목도하게 된 것이다.

요즘도 끊임없이 권력과의 검은 유착들이 드러나고 있다. 한편에서는 공정한 사회를 슬로건으로 말하지만, 현실은 믿을 사람이 없는 세상이 되어가는 것처럼 보인다. '꼼수'가 '정수'를 몰아내고 '괴담'이 그치지 않는 사회적 분위기가 된 것이다.

우리 사회의 진정한 통합을 위협하는 것은 경제나 안보보다 불신감이라 할 수 있다. 만약 국민과 정부, 국민 상호 간에 신뢰가 굳건하다면 안보든 경제든 외부로부터의 어떤 도전이라도

극복할 수 있을 것이다. 그러나 내부의 신뢰가 깨지면 그것이야
말로 진정한 위기라 할 수 있다. 역사적으로 보더라도 한 나라
를 멸망하게 하는 것은 외부의 침략보다 내부의 붕괴, 즉 구성
원 간 신뢰가 깨져 결속력이 해체된 경우에 더 자주 나타났다.

오늘 우리 사회의 불신은 배금주의와 이기주의, 부정부패와
양극화 등이 바탕을 이루고 있고, 그 정점에 바르지 못한 정치
가 있다.

정치에 대해 계강자가 묻자 공자는 다음과 같이 대답한다.

"정치政란 바름正이니, 당신이 만일 바름으로써 통솔한다면
누가 감히 바르지 않을 수 있겠습니까?"

또한 계강자가 시정에 도둑이 많은 것을 걱정하여 묻자 공자
는 다음과 같이 대답한다.

"진실로 그대가 탐욕을 부리지 않는다면 상을 준다 하더라도
백성들은 도둑질하지 않을 것이오."

이와 같은 공자의 대답은 오늘날 우리에게도 다시 생각할 거
리를 던진다.

4

본질을 묻고 현실을 생각한다

切問而近思

자유가 말했다.

"자하의 제자들은 물 뿌리고 쓸고 응대하고 드나들고 하는 데
는 제법이지만, 그것은 말단의 일이다. 본질적인 일에는 보잘
것없으니 어쩌겠는가?"

이 말을 듣고 자하가 대답하였다.

"아아, 자유의 말은 잘못이다. 군자의 도에 무엇을 먼저 하고
무엇을 게을리하겠는가? 초목에 비유하면 종류에 따라서 분
별이 있을 뿐이다. 군자의 도야 어찌 속일 수 있겠는가? 처음
도 있고 끝도 있는 사람은 오직 성인聖人뿐일 것이다."

子游曰 子夏之門人小子 當灑掃應對進退則可矣 抑末也 本之
則無 如之何 子夏 聞之曰 噫 言游過矣 君子之道 孰先傳焉 孰
後倦焉 譬諸草木 區以別矣 君子之道 焉可誣也 有始有卒者
其惟聖人乎

— 제19편 자장 12장

자유와 자하의 대화 속에는 고금을 통해 교육에 관한 두 사람

의 서로 다른 방법론이 잘 나타나 있다.

자유는 "본질적인 것은 안 가르치고 말단적인 것과 지엽적인 것만 가르친다"며 자하를 비판했다. 이에 대해 자하는 "교육은 교육받는 사람들의 수준과 정도에 따라 점진적으로 본질적인 문제에 이르러야 한다"고 반박한다.

같은 자장 편 6장에서 자하는 "널리 배우고 뜻을 굳건하게 하며, 본질적인 질문을 하고 현실적인 사고에 힘쓰면 인仁은 그 가운데 있다"라고 말한다. 즉 본질적인 것과 현실적인 것의 조화를 뜻한다. 본질은 외면하고 지엽말단에 맴도는 교육이나 실천과 유리된 관념의 주입은 둘 다 극단이다. 두 사람의 대화를 통해 우리는 양 극단으로 흐르지 않는 참다운 교육이란 어떠해야 하는지를 생각해보게 된다.

요즘의 교육은 지나치게 기능주의로 흐르고 있다. 보통 사람들의 일반적 지향이 교육의 방향을 결정하는데, 세상의 풍조가 생존을 위해서나 입신출세를 위해 필요한 기능을 익히거나 그 과정에서 필요한 시험에 합격하는 데만 치중된 탓이다. 그러다 보니 본질적인 것마저 시험 문제의 대상이 되고 말았다. 머릿속의 관념과 실제 행동을 결정하는 동기가 서로 동떨어지게 된 것이다. 심한 경우에는 그 괴리조차 인식하지 못하는 결과를 낳고 있다.

한편 지나치게 본질을 추구하다가 실천과 유리된 관념으로 잔뜩 치장하게 되는 것도 경계해야 할 일이다. 그런 점에서 자하의 말은 우리 교육 현실에서도 되새겨볼 만하다.

인문학이라면 보통 문사철文史哲(문학, 역사, 철학)을 가리킨다. 그런데 안타깝게도 신자유주의 경쟁 바람이 불면서 이 분야의 학문들이 대학에서 폐과廢科되는 사태가 나타나고 있다.

그동안 우리는 짧은 기간에 민주화와 산업화를 이룩함으로써 사회제도와 물질생활의 양면에서 상당한 진전을 이룩했다. 절대빈곤과 독재와 맞서 싸우는 동안에는 어떤 의미에서든 실용 학문이 필요했고, 그 과정에서 인문학은 불요불급한 고담준론으로 치부되었다.

그러나 다행스럽게도 최근 이와는 달리 여러 분야에서 인문학에 대한 새로운 관심이 일어나고 있다. 역설적으로 민주화와 물질적 진보를 통한 여유가 사람들의 시선을 인문학 쪽으로 돌려놓기 시작한 것이다. 특히 사회적 진보가 있었음에도 사람들이 체감하는 자유도自由度나 행복도幸福度는 그다지 높아지지 않았다는 자각도 인문학적 성찰의 필요성을 제기하는 계기가 되었다. 실생활에서도 물질생활과 정신생활의 부조화 때문에 오히려 부작용이나 왜곡이 일어나는 것을 심각하게 체험한 사람들이 늘고 있다.

이런 현상들이 모여 오늘날 인문학의 재발견이라는 하나의 큰 흐름으로 나타나고 있다. 수십 년간 질풍노도처럼 제도의 민주화와 물질적 풍요를 위해 숨차게 달려온 사람들이 이제 자신들을 되돌아보고 근원적인 질문과 마주하려는 것이다.

'어떻게 사는 것이 잘 사는 것인가?'

'진정한 자유인이란 어떤 것인가?'

'진정한 행복이란 무엇인가?'

오로지 시험에 합격하기 위한 공부가 아니라 자기 인생을 위해, 세상을 위해 이런 질문을 진지하게 던지는 사람들이 인문학과 다시 만나고 있다. 물론 지금의 인문학에 대한 관심이 단순히 지적 호기심이나 마음의 평화를 위한 자기만의 세계에 한정된다면 일시적 거품으로 끝나버릴 수도 있다.

결국 자유와 행복이 자기중심성을 넘어서는 세계에 있다는 사실을 자각하게 된다면 다른 사람들과의 일체감이나 소통을 증진시킬 수 있다. 하지만 만약 그것이 함께 이루어지지 않는다면 자신이 진실로 인문학을 배우고 즐기고 있는지 되돌아볼 필요가 있다.

인문학에 대한 관심과 학습이 큰 흐름을 이루면 우리 사회를 근저에서부터 변화시켜 새로운 세상을 만들 수 있다. 그 흐름이 '사람'을 변화시키는 문화혁명이 될 수 있다고 확신하기 때문이다. 지금까지 이런 바탕 없이 진행된 사회혁명은 단명하거나 왜곡되거나 중도에 흐지부지 사라지고 말았다.

국회에서 종종 주요 공직자 인사 청문회가 열리는데, 거의 대부분의 후보자들이 부동산 투기나 위장 전입, 탈세에서 자유롭지 못한 모습을 본다. 그래서 국민들은 그들이 '형식적 과정'을 통과해 임명되더라도 뭔가 석연치 않아 한다.

'깨끗한 사람이 이토록 드문가?' 하는 한숨과 더불어 단지 능력이 있다는 이유로 그런 사람들을 주요 공직에 써야 하는 현실이 안타깝기도 하다.

이제 우리 사회가 한 단계 성숙한 사회로 도약하려면 도덕성과 실무적 능력을 함께 갖춘 사람이 필요하다. 이 일은 국가와 사회를 운영할 능력을 갖춘 사람들이 먼저 깨달아서 일신해가면 좋겠지만, 근본적으로는 인문학적으로 먼저 각성한 사람들이 좀 더 많이 배출되어야 한다. 우리가 시도하고 있는 인문학 강좌 프로그램은 장기적으로 새로운 사람을 준비하는 과정이기도 하다.

다른 것을 공격하는 것은 해로울 뿐이다

攻乎異端 斯害也已

공자께서 말씀하셨다.

"자신과 다른 것을 공격하면 해로울 뿐이다"

子曰, 攻乎異端 斯害也已

— 제2편 위정 16장

이 구절을 많은 해설서들이 '이단을 행하는 것(또는 공부하는 것)은 해로울 뿐'이라고 해석을 한다. 攻공을 '전공할 공'의 의미로 해석하는 것이다. 소수만 이 공을 보통 많이 사용하는 '공격할 공'으로 보고, '(자기와) 다른 생각을 공격하는 것은 해로울 뿐'이라고 해석을 한다. 이것은 공자 사상에 대한 이해의 중요한 갈림길이다. 나는 후자의 해석이 공자의 뜻에 부합한다고 본다.

제9편 자한 편 7장에 나오는 말이다.

"공자 말하기를 내가 아는 것이 있겠는가? 아는 것이 없다. 그러나 어떤 사람이 나에게 물어오더라도, 텅 비어 있는 데서 출발하여 그 양 끝을 들추어내어 끝까지 밝혀보겠다. 子曰, 吾有

知乎哉 無知也 有鄙夫問於我 空空如也 我叩其兩端而竭焉"

마지막 단락 "그 양 끝을 두들겨 끝까지 밝혀보겠다我叩其兩端而竭焉"는 말의 취지로 볼 때, 자신의 생각을 단정斷定해서 다른 생각을 공격攻擊하는 것은 공자의 사상과 근본적으로 배치되는 것이다. 지금까지 공자 사상이 특정한 정치나 종교 권력의 이데올로기로 이용되었을 때, 왜곡이 가장 심한 문장이 바로 이것이었을 것으로 추정한다.

이단 논쟁은 비단 유교 이외의 것에 대해서만 나타나는 것이 아니라, 유교 안에서도 나타나 권력투쟁의 도구로 되는 것이다. 수많은 개혁 인사들이 사문난적斯文亂賊으로 몰려 희생되었던 역사적 사건들이 있었다. 이런 것은 공자 사상과는 전혀 인연이 없는 것이다.

자신의 생각이나 입장을 정통이라 생각하고, 그와 다른 것을 이단이라고 배척하는 것은 진리를 향한 올바른 길이 아니다. 모든 다양성을 인정하는 가운데 '무엇이 진리인가?'를 탐구해가는 것이 중용이나 중도의 길에 가까운 것이다.

세상에는 다양한 견해가 존재한다. 이 끝에서 저 끝까지 수많은 스펙트럼으로 나뉜다. 그 시점에서 가장 옳은 것時中은 그 가운데, 어딘가에 있다. 무엇을 이단으로 배제하는 것은 그것 자체가 하나의 '단정'이나 '독선'이 될 수 있다. 세상은 늘 변하는 것이어서 어제의 진리가 오늘은 허위로, 어제의 이단이 오늘의 주류가 될 수 있기 때문에 '이단이라고 해서 공격하는 것은 해로운 것이다.'

실제로 사람의 생각은 배제할 수가 없다. 논어에 나오는 "삼군의 장수는 뺏을 수 있어도, 필부의 뜻은 꺾지 못한다三軍可奪

帥也 匹夫不可奪志也(제9편 25장)"는 것도 이러한 특성을 말하는 것이다. 다만 극단적이고 반지성적이어서 시의에 적절치 못한 생각들이 주류무대를 장악하는 것은 정상적인 상태가 아니다.

요즘으로 말하면 극좌나 극우를 비롯해 반지성적인 경향들이 자연스럽게 주변화하는 것이 정상적인 사회인 것이다. 배제나 말살을 통해서가 아니라 주류의 흐름이 건강하고 풍부해지는 것이 바른 길이라고 생각한다.

●

《논어》선진 편 15장에 "지나친 것은 미치지 못하는 것과 같다過猶不及"라는 공자의 유명한 말이 나온다. 이 구절 또한 모자람 못지않게 과함의 폐단을 잘 통찰하고 있으며, 과過와 불급不及의 양단을 피하는 것이 중용의 덕임을 말하고 있다.

또 공자는 옹야 편 27장에서 "중용의 덕은 지극한 것이다中庸之爲德也 其至矣乎"라고 말했다. 중용 또는 중도에서 중中은 가운데를 가리키는 말이기도 하지만 '딱 들어맞는'이라는 의미가 더 적합하다. 그 시점에 가장 잘 들어맞는, 즉 적중的中하는 것을 뜻한다. 단순히 극단을 취하지 않는 것과는 다르다.

중용이나 중도는 '진리란 무엇인가?' '참이란 무엇인가?' '지금의 현실에서 무엇이 가장 옳은가?'라는 물음 앞에 끝없이 충직하고자 하는 태도가 전제된다. 따라서 중용의 덕은 지극한 것이고, 줏대가 없이 타협하거나 적당히 섞는 것과는 다르다. 실제로 중용의 길을 실천하는 사람은 지극히 드물다. 그것은 약자의 길이 아니고 인격이 성숙한 사람이 갈 수 있기 때문이다.

《논어》자로 편 21장에서 공자가 "중용의 길을 행하는 사람을 얻어 가르치지 못할 바에는 차라리 광자나 견자를 가르치리라不得中行而與之 必也狂乎"고 한 대목에서도 이런 심정을 엿볼 수 있다.

공자가 "차라리 광자나 견자를 가르치겠다"고 한 말은 중용이 무엇인가를 다시금 생각하게 한다. 광자狂者는 어떤 사람인가. 뜻은 높은데 아직 행동이 따르지 못하는 사람을 가리킨다. 그리고 견자狷者는 지식은 모자라나 절조를 굳게 지키는 사람을 의미한다. 둘 다 중용의 덕을 실행하기에는 부족하지만, 그래도 다른 사람보다는 중용에 가까이 갈 수 있는 사람이라고 본 것이다.

공자가 "광자는 진취적이고, 견자는 나쁜 일은 하지 않는다"라고 한 말에서도 중용을 실천할 수 있는 기본 조건이 무엇인가를 분명하게 밝히고 있다. 또한 최선의 방법이 없을 때는 차선책을 선택하는 부분에서 공자의 현실 감각을 읽을 수 있다.

불인不仁을 지나치게 미워함도 난을 일으킬 징조다

人而不仁 疾之已甚 亂也

공자께서 말씀하셨다.

"용맹을 좋아하고 가난을 싫어하면 난을 일으키게 되고, 어질지 못함을 너무 심하게 미워해도 난을 일으키게 된다."

子曰, 好勇疾貧 亂也 人而不仁 疾之已甚 亂也

— 제8편 태백 10장

"용맹을 좋아하고 가난을 싫어하면 난을 일으키게 된다."

이 구절에서 우리는 진정한 용기와 가난에 대한 태도를 생각해보게 된다. 가난을 싫어하고 부를 좋아하는 것은 인지상정이다. 그러나 중요한 것은 빈貧이나 부富를 최고의 가치로 여기지는 않는 태도다. 공자에게 최고의 가치는 인이고 도이며 의다. 정당하게 부를 얻을 수 있다면 좋지만 그렇지 않다면 안빈낙도할 뿐이다.

빈을 미워하면 부를 미워하게 된다. 빈을 미워하는 것과 절제되지 않은 용이 결합하면 난亂을 일으켜 뒤엎으려 든다. 그러나 미움이 바탕이 되어 일어나는 난은 결국 실패할 수밖에 없다.

이것은 근대 이후 모든 변혁의 역사 속에서 성찰되어야 할 중요한 과제다.

"사람이 어질지 못함을 너무 심하게 미워해도 난을 일으키게 된다."

이 구절도 한 번쯤 살펴볼 만하다. 잘못된 일이나 사람을 볼 때 고치고 싶은 것은 인간으로서 마땅한 도리라 할 수 있다. 그런데 잘못을 고쳐 인의仁義를 실현하려는 마음과 불인不仁을 미워하는 마음이 일어나는 것은 분명 차이가 있다.

공자는 이미 오래전에 "미움은 인을 실현하는 길이 아니다"라고 말했다. 인류는 오랜 역사를 통해 증오나 분노가 바탕이 되는 변혁은 결국 악순환의 굴레에서 자유롭지 못하다는 사실을 시행착오를 거치면서 뼈아프게 알아가고 있다.

인의가 바탕이 되는 세상을 이룩하려는 오래된 비원悲願이 결코 분노나 미움의 에너지로는 실현될 수 없음을 인식하게 된 것이다.

따라서 불인에 맞서 싸우는 것과 인을 적극적으로 실현해가는 과정이 서로 조화를 이루는 것이야말로 새로운 시대의 요구라고 하겠다.

●

북한의 3대 세습, 선군 정치, 핵개발 등은 시대착오적 미망迷妄이다. 양식良識 있는 사람이라면 보편적으로 그것이 잘못임을 잘 알 것이다. 특히 진보적이고 민주적인 집단일수록 지금의 북한 정권의 반인민적이고 반진보적 실상을 정확히 보아야 한다.

21세기 들어 전 지구적 차원에서 인류는 민주화라는 보편적인 길로 나아가고 있다. 북한 인민들도 그들의 생명력과 장점을 잘 살릴 수 있는 길은 결국 민주화밖에 없다는 사실을 알아야 한다.

진보적인 사람일수록 북한 정권이 이 길을 피할 수 있다는 환상을 갖도록 하는 것이 북한 인민들에게 도움되지 않는다는 사실과 우리 모두가 바라는 북한의 민주화에도 역행할 수 있음을 직시해야 한다.

한편 정부는 국민, 특히 진보적인 사람들의 양식을 믿고 좀 더 자신감을 갖고 여유 있게 대북 자세를 견지해갈 필요가 있다. 포용은 강한 쪽이 먼저 취할 수 있는 행위다. 따라서 우리가 먼저 북한을 포용하려는 마음자세를 갖는 것이 바람직하다.

그런데 현재 남북관계가 어려워진 것은 이것이 빗나갔기 때문이다. 버릇 고치기나 본때 보이기, 전 정권 정책 지우기 등과 같은 대결적·감정적 경향이 긴장감을 조성하는 것이다.

"불인不仁을 지나치게 미워하는 것도 난을 일으킬 징조다."

공자의 이 말은 남북관계에서도 깊이 음미해볼 만하다. 상대방의 불인을 너무 공격하다 보면 크게 싸우게 된다. 하지만 싸움이나 전쟁을 벌여서 얻을 수 있는 것은 아무것도 없다. 진정한 강함은 지기 싫어하는 치기稚氣를 다스릴 줄 아는 것이다. 이런 성숙한 자세로 남북관계를 민족과 세계 인류의 이익에 맞게 정상화하기를 간절히 기대해본다.

최근 북한이 중국의 영향권으로 들어가는 것에 대해 불안감을 표현하는 사람들이 있다. 이런 측면에서도 우리나라가 선진화와 인간화의 정도를 걸어서 북한이 진정으로 다가가고 도움을 청하고 싶은 나라가 되는 것이 중요하다. 통일은 그 결과물로 다가오는 선물이 될 것이다.

예禮와 화和의 조화가 귀중하다

禮之用 和爲貴

유자가 말했다.

"예禮를 운용함에는 화和가 귀중하니, 선왕의 도에서도 이 점
을 좋게 여겨 작은 일과 큰 일이 다 이에 기초를 두고 있었다.
그런데 잘 안 되는 경우가 있으니, 화의 귀중함만을 알고 예로
써 절제하지 않으면 또한 잘 이루어지지 않는다."

有子曰, 禮之用 和爲貴 先王之道 斯爲美 小大由之. 有所不行
知和而和 不以禮節之 亦不可行也

— 제1편 학이 12장

예禮는 제도나 규범 같은 외형의 질서를 의미하고, 화和는 마
음을 뜻한다. 제도나 규범이 잘못되어 있으면 그것을 고치는
것이 당연하다. 우리는 지금까지 이러한 변혁의 시대를 살아왔
다. 그런데 지나치게 제도나 규범만 강조하다 보니 내면의 자
유나 인정이 흐르는 사회와는 거리가 멀어지게 되었다. 그래서
어느 틈엔가 그 반작용으로 마음을 강조하는 풍조가 강해지고
있다.

그러나 마음을 지나치게 강조하다 보면 그것이 또 지나쳐 사람의 실태에 맞지 않게 되고, 그러다 보면 실제적 관계에서도 어긋나게 된다.

공자가 살던 시대의 봉건군주제에 비해 오늘날의 민주주의 제도는 사회적 관계라는 측면에서 볼 때 비교할 수 없이 진전하였지만, 예와 화의 조화라는 점에서는 시대를 초월한 이치가 존재한다.

사람들이 서로의 자유를 침범하지 않도록 기준을 정해서 선을 지키는 것은 중요하다. 그러나 그것만으로는 너무 딱딱하고 차갑다. 서로 먼저 양보하려는 사회적 공기가 형성될 때 아름답고 따뜻한 관계를 만들 수 있다. 상대를 존중하고 선을 넘지 않는 것이 예禮라면, 따뜻한 사회 분위기는 화和라 할 수 있는데, 이중 어느 한쪽만 강조하다 보면 균형이 깨지는 것이 인간의 실태다.

외적 질서와 따뜻한 마음의 조화는 지금 우리의 실태를 정확히 보는 데서부터 출발해야 한다. 아직 우리는 아집이 강하고 이기적인 성향을 많이 가진 존재이기에 예라는 질서가 필요하다. 다만 이때 질서는 고정된 것이 아니라 당시 시대적 배경이나 사회적 제도·인습·관념 등에 대한 전반적 이해가 필요하다.

공자 당시의 예에 대해 거부감이 생기는 것은 지금과는 시대가 다르기 때문에 어쩌면 당연한 감정이다. 하지만 당시의 사회적 배경을 생각하고 그 시대 선인들이 이상적인 삶을 위해 어떤 질서를 세우려고 했는지를 살펴보면 오늘 우리 삶을 올바르게 설계하는 데 큰 도움을 받을 수 있다.

예와 화 가운데 어느 쪽이 더 선도적인 역할을 하느냐는 시대와 사회의 성격에 따라 다르겠지만, 오늘날 우리는 화가 조금 모자라는 시대에 살고 있다. 이때는 여러 제도와 규범을 설계하면서 마음이라는 심리적 요소를 좀 더 도입해볼 수 있을 것이다.

요즘 따뜻한 자본주의, 착한 소비라는 말을 자주 사용하는데, 이 말에서 제도와 마음이 이상적으로 결합할 수 있는 희망을 엿볼 수 있다.

●

"예禮를 예라 하지만 어찌 옥과 비단을 말하는 것이겠느냐? 악樂을 악이라 하지만 어찌 종과 북을 말하는 것이겠느냐?"

《논어》양화 편 11장에서 공자가 한 말이다. 공자는 예악에 대해 여러 편에서 언급하고 있는데, 자신의 진의眞意가 제대로 전달되지 않고, 형식에 흐르는 경향을 안타까워하고 있다. 그러면서 다음과 같이 자신의 심정을 밝히고 있다.

"마음의 공경함이 없는 예나 마음의 부드러움이 없는 악이 무슨 소용이 있겠는가."

공자 생전에도 이러하였는데, 공자 사후에는 얼마나 많은 오해를 받았겠는가. 제도나 규범, 문화는 형식도 물론 중요하지만 그 바탕에 마음의 진화가 없다면 진정한 의미의 진화라 할 수 없다. 이것은 우리 사회가 당면하고 있는 과제이기도 하다.

"사람으로서 어진 마음이 없다면 예는 해서 무엇하며, 악은 해서 무엇하랴."

《논어》팔일 편 3장에 나오는 말이다.

허례허식을 비판할 때 유교나 공자를 떠올리기 쉽지만, 이 구절에서 알 수 있듯이 공자는 오히려 기회가 있을 때마다 허례 허식의 해악을 거듭 경계했다. 공자가 중요하게 여긴 예와 악은 사람의 본래 성품이 외부에 나타난 것이다. 외부로 나타난 형식을 결코 무시할 수는 없지만, 좀 더 본질적인 것은 인간의 본래 성정인 인仁의 마음이다.

공자는 자신이 추구하는 이상적 질서를 예와 악이라는 두 기둥으로 세우려고 했다. 그 핵심 바탕이 바로 인仁, 덕德, 경敬임을 지적하고 있다.

실질이 형식을 이끄는 것은 무리가 없지만, 그 반대의 경우는 무리가 따를 수 있다. 물론 때로는 형식이 실질을 이끌어내는 경우도 있어서 조화가 중요하지만, 강요된 형식만으로는 사람의 마음을 움직이거나 변화시킬 수는 없다. 스스로 변하려는 욕구가 없는 사람에게 변하도록 강요하는 것은 헛된 시도일 뿐이다.

5

화합하되 똑같기를 강요하지 않는다

군자는 편파적이지 않다

周而不比

공자께서 말씀하셨다.

"군자는 한 가지 그릇이 아니다."

子曰, 君子 不器

— 제2편 위정 12장

공자께서 말씀하셨다.

"군자는 두루 하여 편파적이지 않고, 소인은 편파적이어서 두루 하지 못한다."

子曰, 君子 周而不比 小人 比而不周

— 제2편 위정 14장

공자는 무고정無固定, 무아집無我執의 인격으로 완성되어 편파적이지 않고 보편성을 추구하며, 그것을 실천하는 사람을 이상적 인간, 즉 군자君子로 그리고 있다.

그릇器은 고정되어 용도가 결정되어 있는 것을 말한다. 따라서 불기不器는 고정된 인간이 되는 것을 경계하는 말로, 어떤 그릇도 채울 수 있는 무고정의 인격을 강조하고 있다. 흔히 어른들이 아이들에게 덕담을 하면서 "큰 그릇이 되라"고 말하는데, 그 뜻이 크게 다르지는 않지만 불기는 이보다 더 발전된 표현이다.

사람이 성숙해가는 과정은 나와 다른 사람의 생각을 잘 받아들이는 것을 의미한다. 불기는 그런 성숙함을 말한다. 불기는 주이불비周而不比(두루 하여 편파적이지 않음)와 통한다. 보통 사람들은 이해관계를 중심으로 이합집산을 하는데, 이를 넘어설 때 군자가 될 수 있다. 사람들과 널리 사귀되 파당을 이루지 않는다群而不黨는 군자의 덕성도 이것을 뜻한다.

특히 개인주의가 고도로 발달하고 이기주의가 팽배한 현대사회에 이러한 인간상을 지향하는 것은 큰 의미가 있다. 여러 측면에서 개성이 억압되던 시대에는 개인의 생명력을 해방하는 것이 가장 큰 과제였다. 따라서 오늘날 개인주의는 그런 점에서 인간과 사회의 진화에 필수적인 과정이라고 할 수 있다. 그러나 그것이 극단적인 이기주의가 되면 오히려 생명력을 훼손하게 된다. 개인주의 시대를 통과하고 있는 현대사회는 바로 이런 점에서 주이불비周而不比의 정신이 어느 때보다 절실히 요구된다.

주이불비는 특정 개인이나 세력과 타협하거나 그들의 이익을 대변하는 것이 아니라 인류 전체의 보편적 이익을 추구할 때 자신을 포함한 모두가 행복해진다는 자각의 중요성을 일깨워주는 말이다.

주이불비周而不比와 비이불주比而不周도 군자와 소인의 차이를 말하는 것인데, 여러모로 현대에 던지는 메시지가 강하다. '보편적이며 편벽하지 않다'가 군자의 특징이고, '편벽하여 보편적이지 않다'가 소인의 특징이라는 것이다.

문득 아내가 살아 있을 때 추억이 떠오른다. 아내의 친구가 산골에 사는 우리 부부를 위로하기 위해 방문해서 점심 대접을 하고 싶다는 것이다. 우리는 별 생각 없이 즐겨먹던 감자탕 집으로 안내했다. 그분에게 감자탕이라는 말을 했던 것으로 기억한다. 가게에 들어와 감자탕을 시켰다. 그런데 음식이 나오자 그분이 주인에게 빈 그릇 하나를 달라고 하더니 돼지고기를 담으며 자신은 채식을 한다고 말했다.

그분은 자신이 채식하는 것을 드러내지 않고, 우리 부부가 좋아하는 음식을 스스로도 선택하면서 우리가 쑥스럽지 않게 대처했다. 무엇이나 가리지 않고 잘 먹는 것이 '주이불비'가 아니다. 우리 부부는 이분이야말로 '주이불비'의 군자라는 생각이 들었다.

더 나아가 생각되는 것은 보통 사람들은 비比에서 시작한다는 것이다. 억울함, 비교, 분노, 미움 등이 일어난다. 여기에서 어떤 방향으로 나아가는가가 중요하다.

거기에 머물 것인지 보다 보편적인 새로운 세계를 열어갈 것인지, 거기에 머물면 비이불주比而不周가 된다. 진보가 없다. 그러나 그것을 새로운 세계를 위한 동력으로 삼을 수 있게 되면 비이주比而周로 나아갈 수 있다. 진정한 진보의 길이다.

우리는 수없이 많은 억울함, 분노, 미움 등을 경험하며 살고 있다. 이것을 새로운 세계를 건설하는 동력으로 전화轉化시키지 못하면 답보하거나 후퇴하게 될 것이다. 그런 면에서도 어쩌면 우리 시대 진보의 최전선最前線은 인문운동이 아닐까 하는 생각이 든다.

지난날의 악을 마음에 담아 두지 않는다

不念舊惡

공자께서 말씀하셨다.

"백이伯夷와 숙제叔齊는 지난날의 악惡을 마음에 두지 않았으니, 그래서 원망하는 이가 드물었다."

子曰, 佰夷叔齊 不念舊惡 怨是用希

— 제5편 공야장 22장

이 구절에서 공자가 이상으로 여기는 인간상을 알 수 있다. 오직 선을 행할 뿐 불념구악不念舊惡(지난날의 악을 마음에 두지 않음)하는 것이다.

과거에 매달리고 미래에 집착하는 삶은 자유로울 수가 없다. 또 원망은 원망을 낳으며 악순환한다. 이 고리를 끊는 것이 바로 불념구악 하는 것이다. 지난날의 악을 생각하지 않는 것이야말로 원망과 미움의 고리를 끊는 것이고, 그렇게 되면 다른 누구도 아닌 자기 자신이 편해진다. 하지만 이것을 머리로는 이해하더라도 실제로 상대를 미워하고 원망하는 마음을 털어내기란 쉽지 않다.

또한 사회적인 악순환의 고리를 끊는 일은 더더욱 힘들다. 사회적, 집단적 구악 때문에 피해를 당한 사람들이 있고, 그런 피해가 여전히 존속하는 사회에서 살고 있을 때는 불념구악을 실천하기가 더 힘들어진다.

이때는 진실을 밝혀 다시는 그런 일이 발생하지 않도록 사회적 조치를 취해야 한다. 우리 사회에서 과거사 정리나 진실 규명, 화해 등과 같은 일이 때늦게나마 진행된 것은 이러한 악순환의 고리를 끊는 중요한 출발점이라 할 수 있다. 즉 불념구악할 수 있는 사회적 환경을 만드는 것이다. 이때 유의해야 할 것은 다시는 그런 악순환이 재현되지 않도록 과거를 잊지 않되, 원망과 미움에 사로잡히지 않아야 한다는 점이다.

●

《논어》헌문 편 36장에서 어떤 이가 공자께 여쭈었다.

"덕으로 원한을 갚으면 어떻겠습니까?"

공자가 다음과 같이 대답했다.

"그렇다면 덕은 무엇으로 갚겠는가? 바름으로 원한을 갚고, 덕은 덕으로 갚아야 한다."

이 구절에는 공자의 현실적인 태도가 잘 드러나 있다. 사람들의 실태보다 지나치게 높은 목표를 설정하는 것은 공허할 뿐만 아니라, 오히려 실현 가능한 목표 달성마저 방해할 수 있다고 판단한 것이다. 물론 세상의 평화를 위한 궁극적인 길은 이덕보원以德報怨이다.

이덕보원은 노자가 한 말이라고 알려져 있는데, "원수를 사랑하라"고 했던 예수의 말과 일맥상통한다. 이 길이야말로 궁극적으로 평화를 달성하는 가장 빠른 길이다. 다만 역사를 통해서나 지금의 인간 실태를 볼 때나 이것을 현실적 목표로 삼는 것은 아직 무리다.

지금 인간의 의식 수준에서는 이직보원以直報怨 정도가 적당하다. 원한을 사사로이 갚고자 하는 복수심에서 벗어나 공정함으로 원한을 갚는 단계로, 현대사회가 당면한 과거사 정리 같은 과제가 바로 여기에 해당한다.

그렇다고 이덕보원의 이상이 비현실적이기 때문에 추구할 필요가 없다는 말은 아니다. 이런 높은 이상이 있기 때문에 인간의 궁극적 진보가 가능하다. 비록 현실적으로 당장 시행하기는 어렵다 해도 인간 정신의 궁극적인 목표는 이덕보원이다. 모든 원한을 풀고 새로운 세상을 이루려면 결국 이 길을 통해야 한다. 다만 지금 수준에서는 이직보원이 먼저 거쳐야 할 단계다.

과거사 정리는 다시는 불의가 행해지지 않기 위해 반드시 이루어져야 한다. 다만 우리나라의 경우는 정리할 시기를 놓치다 보니 무엇이 '직直'인지도 애매해져버린 부분이 있다. 또 여러 가지 객관적 조건들 때문에 어느 면에서는 이덕보원 외에는 달리 해결할 방법이 없지 않나 하는 생각이 들 때가 있다. 만약 이직보원을 넘어 이덕보원을 한 번이라도 경험하게 된다면 아픈 사연을 가슴에 묻고 살아온 우리 민족이 한을 뛰어넘어 성숙한 사회로 진입하는 계기가 될 것이다.

교만하고 인색하면 나머지는 볼 것도 없다

使驕且吝 其餘 不足觀也

공자께서 말씀하셨다.

"주공周公과 같은 뛰어난 재능을 지녔을지라도 교만하고 인색하다면 그 나머지는 볼 것도 없다."

子曰, 如有周公之才之美 使驕且吝 其餘 不足觀也

— 제8편 태백 11장

이 구절은 한 사람의 능력은 올바른 인격과 결합될 때 의미가 있음을 말하고 있다. 교만과 인색은 이기적인 것이다. 이기적인 사람은 능력이 클수록 사회에 그만큼 해악을 끼칠 수 있다. 결국 중요한 것은 능력을 어떤 방향으로 쓰는가에 달려있다.

현대 인류가 당면하고 있는 인류 존속의 위기도 엄청나게 커진 행위 능력과 그다지 변하지 않은 자기중심적 가치 체계 사이의 모순에서 비롯된다.

오늘날 개인의 자주성이나 자유가 만개하고 있는 것은 좋은 일이다. 하지만 그럴수록 당당함과 교만함의 차이를 이해해야 한다. 또 단순하고 소박한 삶을 추구하는 것은 바람직하지만,

인색함과는 바탕이 달라야 한다. 소박한 삶이 나누고 베푸는 삶이라면, 인색함은 가두고 끌어들이는 삶이기 때문이다.

●

《논어》양화 편 12, 13장에서 공자는 천박한 인격을 다음과 같이 질타하고 있다.

"얼굴빛은 근엄한 것 같으면서 속이 유약한 것을 소인들에 비유하면 마치 벽을 뚫고 담을 넘는 좀도둑과 같은 것이다."

"향원鄕原(순박한 시골 사람들로부터 덕이 있는 군자란 말을 듣고 있으나 실제로 그렇지 못한 사람)은 덕을 해치는 도적이다."

이 구절은 외모를 지나치게 꾸미거나 남을 의식해서 말하는 사람들의 천박함을 지적하고 있다. 요즘 말로 하면 허위의식이나 거품의식을 의미하는데, 그 해악을 '덕을 해치는 도적'이라고 강하게 질책하고 있다.

최근 들어 이러한 이중성을 넘어서려는 의식은 예전보다 발전한 것이 사실이다. "남의 눈치 안 보고 하고 싶은 대로 해보자" "본능대로 살자"는 의식이 생겨나거나 점잖은 연기만 하던 중후한 연기자들이 망가지는 연기를 할수록 사람들이 더 좋아하는 경우가 대표적인 사례다.

이중성을 넘어서려는 측면에서는 상당한 진보라고 할 수 있지만 아직은 자유를 향한 과도기적 현상이다.

"비속한 사람과는 함께 임금을 섬길 수 없다. 이런 사람은 얻지 못했을 때는 얻으려 근심하고, 얻고 나서는 잃을까 근심한다."

이 구절은 공자가 사람들의 집착을 한탄하며 한 말이다. 시대를 초월하여 오늘날에도 얻지 못했을 때는 얻으려 근심하고, 얻고 나서는 잃을까 근심하는 사람들이 얼마나 많은가. 이것이 공자가 말한 '소인의 근심 많음'이다. 이런 소인배들이 더 많은 부와 권력과 명예를 갖게 되면 결코 건강한 사회가 될 수 없다.

민주주의는 인류 사회의 제도나 규범 등을 상당히 발전시켰다. 그러나 사람들의 의식은 아직도 공자가 갈파한, 이른바 소인 근성에서 크게 벗어나지 못하고 있다. 특히 권력이나 부를 거머쥐려고 남을 짓밟고, 권세를 거머쥔 사람들이 욕심에 눈멀고 집착을 부리며, 나아가서는 소유한 것을 잃을까 봐 못하는 것이 없을 정도로 탐욕스러운 사람들이 활개를 쳐 사회에 큰 해악을 끼치기도 한다.

이를 막기 위해서는 제도의 정비와 함께 성숙한 시민의식이 필요하다. 이런 시민의식이야말로 소인들의 지배를 넘어 건강한 사회를 만드는 핵심 요소다. 성숙한 시민의식은 이기적 욕구를 억제하기보다 건강한 욕구를 신장시키는 방향으로 이루어지는 것이 바람직하다. 그러기 위해서는 우리 모두가 행복할 수 있는 목표, 예를 들면 관용, 양보, 나눔, 기부, 자원봉사와 같은 가치들을 이루기 위해 함께 고민하고, 실천해나가야 한다.

화합하되 똑같기를 강요하지 않는다

和而不同

공자께서 말씀하셨다.

"군자는 화합하되 같게 하려 아니하고, 소인은 같게 하려 하되 화합하지 못한다."

子曰, 君子 和而不同 小人 同而不和

— 제13편 자로 23장

화이부동和而不同은 최근 들어 사람들의 입에 자주 오르내리는 말로 군자와 소인을 가르는 대표적인 표현이다. 군자는 사람의 본성에 조응照應하는 사고와 행동을 하는 사람이고, 소인은 아집에 바탕을 두고 자기중심적으로 사고하고 행동하는 사람이다.

모든 사람은 성격, 지능, 취향, 환경 등이 각기 다르다. 따라서 이 다름을 인정하고 각자의 특성을 존중하여 상대를 자기중심적으로 나에게 맞추려고 하지 말아야 한다. 그러나 보통 사람들의 수준은 자기중심적으로 행동하고, 자기와 다른 것을 받아들이지 못하며, 상대를 자기의 생각이나 행동양식에 맞추려 든다. 자기와 다르면 틀렸다고 생각하기 때문이다. 또한 자기 생각과 다른 생각을 말하면 자기를 반대하는 것으로 생각하여 미워한다. 이것은 공자가 말하는 소인의 전형적인 행동양식이다.

부동不同을 마음으로부터 인정하고 받아들이는 것이 자연스러워지면 다른 사람과 기꺼이 화합和合할 수 있다. 즉 상대를 긍정하면서 사이가 좋아지는 것이다.

같지 않다는 것은 '너는 너, 나는 나' 이렇게 따로따로의 차가운 세계가 아니라, 모든 사람이 각자 독특한 개성으로 존재하는 실제 세계를 받아들이는 데서 오는 따뜻한 세계를 말한다. 때로는 부동에 머무르지 않고 스스로 상대와 같아지고 싶은 마음, 즉 화이동和而同의 세계로까지 나아간다.

요즘 존재론과 관계론을 서로 대칭적으로 이야기하는 사람들이 있다. 그런데 사실 이 둘은 서로가 서로를 부정하는 것이 아니다. 부동이 존재론이라면, 화는 관계론인 셈이다. 존재의 실상이 바로 설 때 좋은 관계가 이루어지기 때문이다.

소인의 동이불화同而不和가 사회적으로 나타나면 악평등惡平等을 강요하는 획일적 평등사회가 된다. 누구나 같은 집에서 같은 음식을 먹고 같은 생각을 해야 하는 사회는 얼마나 숨 막히는가. 불평등도 반드시 해소해야 하지만 악평등에도 빠지지 않아야 진정한 평등이라고 할 수 있다.

예를 들어 같은 일을 같은 시간 동안 하는데 남녀나 정규직과 비정규직 구분에 따라 임금이 다른 것이 불평등이라면, 몸무게가 다르고 식성이 다른데 같은 음식을 똑같은 양만큼 먹게 하는 것이 악평등이다. 즉 같은데 다르게 대우하는 것이 불평등이라면, 다른데 같게 하려는 것이 악평등이다. 이 두 가지에서 각각

자유로워질 때 비로소 평등사회가 구현될 수 있다.

●

《논어》 공야장 편 16장에 구이경지久而敬之(오래 되어도 상대
방을 공경함)라는 공자의 말이 나온다. 안자晏子를 가리켜 한 말
인데, 인간관계의 정수를 잘 지적하고 있다.

구이경지는 한마디로 화이부동和而不同을 오랫동안 실현하
는 것이다. 실제로 부모 자식이나 부부 관계를 생각해보면 이
말의 의미를 정확하게 알 수 있다.

가까운 사이나 늘 함께하는 관계 속에서는 자신의 아집을 오
랫동안 감추기 어렵다. 예를 들어 연인 사이일 때는 모르던 것
이 결혼을 하고 나면 머지않아 드러난다. "눈에 콩깍지가 씌었
다"는 표현이 있다. 이것은 상대가 자신의 아집을 감춘 면도 있
지만 그보다는 자신이 상대방을 있는 그대로 보지 않고 자신이
만든 상像을 통해 보았을 가능성이 높다. 상은 결국 깨지게 마
련이어서 언젠가는 자신이 보고 싶어 했던 모습이 사라진다.

사랑하고 공경하는 마음은 자기가 만든 상에 대해서가 아니
라 상대를 있는 그대로 볼 때 비로소 진실해진다. 이것이 구이
경지의 세계다.

공자는 《논어》 자로 편 25장에 다음과 같이 말하고 있다.

"군자는 섬기기는 쉬워도 기쁘게 하기는 어려우니, 정도正道
로써 기쁘게 하는 것이 아니면 그는 기뻐하지 아니하고, 사람을
부림에 있어서도 각기 그 그릇에 맞게 부린다. 그런데 소인은
섬기기는 어려워도 기쁘게 하기는 쉬우니, 비록 도道가 아닌 것
으로 기쁘게 해도 그는 기뻐하고, 사람을 부림에 있어서는 모든

일을 다 해주기를 바란다."

　소인을 기쁘게 하기란 어렵지 않다. 그 사람의 생각이나 취향에 맞춰주면 된다. 그런데 이것은 진실과는 거리가 멀다. 그러다 보면 같지 않은 것을 같게 하려 하기 때문에 마음에 부자유나 허위가 생기게 된다. 그래서 소인은 섬기기가 어렵다고 한 것이다. 항상 비위를 맞추어야 하는 관계라면 얼마나 힘이 들겠는가.

　군자는 사람의 다름을 당연한 것으로 생각한다. 그래서 사람을 상대할 때 그 사람의 입장이나 적성, 기량에 맞춘다. 이런 까닭에 섬기기는 쉽지만, 군자를 기쁘게 하기는 어렵다. 왜냐하면 군자의 기쁨은 행위가 사리에 부합할 때 생기기 때문이다.

　자로 편 24장에서 공자와 자공은 다음과 같은 이야기를 나눈다.

　"마을 사람들이 다 그를 좋아한다면 어떻습니까?"

　"좋지 아니하다."

　"마을 사람들이 다 그를 미워한다면 어떻습니까?"

　"좋지 아니하다. 마을 사람들 중에서 선한 자는 그를 좋아하고, 악한 자는 그를 미워하는 것만 못하다."

　이 구절은 우리에게 진정한 화和의 의미를 생각하게 한다.

　아집이 없으면 사이가 좋아진다. 그러나 누구에게나 다 사랑받는 것과는 다르다. 이쪽은 진리를 추구하는데, 아직 깨닫지 못한 불선자不善者는 그를 미워할 수 있다. 이쪽이 미워하는 사람이 없는 상황은 가능할 수 있겠지만 누구에게나 사랑받는 것은 거의 불가능하다. 공자는 이것을 지적한 것이다. 즉 화和가 이루어지는 바탕에 대해 언급한 것이다.

개인적으로 누구도 미워하지 않겠다는 목표를 세울 수 있다. 그러나 누구에게나 다 사랑받겠다, 어느 누구에게도 욕을 먹고 싶지 않다는 목표는 실현 불가능한 욕심이다. 자기 고집으로 밀고 나가 '욕할 테면 해라'는 심정이 되어서는 안 되겠지만, 누구에게나 좋은 말을 듣고 싶어 애쓰는 모습 또한 스스로를 미화하는 자기중심적 욕심이라 하겠다.

군자는 태연하지만 교만하지 않다

泰而不驕

공자께서 말씀하셨다.

"군자는 태연하지만 교만하지 않고, 소인은 교만하지만 태연하지 못하다."

子曰, 君子 泰而不驕 小人 驕而不泰

— 제13편 자로 26장

이 구절은 마음의 실상을 잘 지적한 탁견이다. 사람을 대할 때 자신의 마음가짐이 어떤가를 돌아보면 더욱 실감할 수 있을 것이다. 비교감, 우열감, 상하감으로부터 자유로우면 태이불교泰而不驕할 수 있다. 그러나 마음속에 이러한 감정이 있으면 마음이 불편하다.

교만驕慢은 비굴卑屈의 쌍둥이 형제다. 상대방이 자기보다 못하다고 생각하면 교만한 마음이 일어나고, 상대방이 자기보다 낫다고 생각하면 비굴해지거나 시기 또는 질투하는 마음이 일어난다.

보통은 상대가 교만하다는 생각이 들면 이쪽도 함께 맞서는 심정이 된다. 대등감對等感이 치밀어오르기 때문이다. 우열감優劣感은 쉽게 알아차릴 수 있으나 대등감은 그 본질이 잘 보이지 않을 때가 많다. 특히 자유와 평등을 얻기 위한 투쟁의 세월을 살다보니 대등감은 정의로운 감정이라고까지 인식되는 듯하다.

그러나 잘 살펴보면 대등감 역시 상하의식의 포로일 때가 많다. 성숙한 인간으로서 태이불교의 당당함과 평화로움을 경험하려면 대등감 또한 극복해야 할 대상이라 하겠다.

●

《논어》공야장 편에 꿋꿋한剛 사람에 대한 이야기가 나온다. 어떤 사람이 공자에게 신정申을 추천하자 공자가 그를 평가하며 말한다.

"정은 욕심이 많은 사람이거늘, 어찌 그를 꿋꿋한 사람이라 하겠는가."

강剛은 꿋꿋함이나 일관됨을 나타낸다. 사람들이 "의지가 굳세다"라고 말하는 경우는 흔히 고집 세고 자기 의견을 관철하려는 욕구가 강한 사람을 가리키는데, 공자는 이를 꿋꿋한 사람과는 거리가 멀다고 보았다.

욕慾은 아집이다. 판단 기준이 자기 자신에게 있기 때문에 이익에 흔들릴 수밖에 없다. 무조건 밀고 가는 것은 완고함이다. 그것은 꿋꿋함이나 일관성과는 다르다. 아집을 만족시켜 줄지는 몰라도 진정한 꿋꿋함은 아니다.

진리나 진실을 바탕으로 할 때만 일관될 수 있다. '무엇이 진리인가'를 고정하지 않고 찾아가기 때문에 부드러운柔 것이다. 이 부드러움이야말로 진정한 의미에서 꿋꿋함이라 할 수 있다.

《논어》헌문 편 37장에 보면 공자가 알아주는 이가 없다고 한탄하면서 다음과 같이 말하는 장면이 나온다.

"하늘을 원망하지 아니하며 사람을 탓하지 않는 그런 나를 아는 이는 저 하늘뿐이다."

화광동진和光同塵(세상을 구제하기 위해 자신을 감추고 속세에 들어감)하고자 하는 자신의 뜻을 세상이 알아주지 못하는 데 대한 인간 공자의 외로움이 느껴져 마음이 숙연해진다.

공자는 높은 뜻을 가지고 숨어 사는 현자를 비난하지 않았을 뿐 아니라, 심지어 세상일에 연연하지 않고 유유자적하는 사람을 과감하다고 칭송까지 했다.

하지만 정작 공자 자신은 온갖 욕을 먹으면서도 세상을 조금이라도 살기 좋게 만드는 일을 결코 멈추지 않았다. 생각해보면 자신의 내면률內面律이 진리에 부합하는 경지에 이른 공자 같은 사람만이 하늘을 원망하지도, 사람을 탓하지도 않는 대자유를 누릴 자격이 있는 게 아닐까 싶다.

사람들에게 이해받지 못하는 외로움을 표현한 구절에서는 공자의 인간적인 모습이 느껴진다. 그렇지만 공자와 같은 선구자가 있었던 덕분에 우리는 현실의 벽을 넘어설 용기를 얻는지도 모르겠다.

뿐만 아니라 2500년이 지난 오늘날도 공자의 지혜에서 인류가 지향해야 할 목표, 진화의 방향 그리고 지금의 산적한 위기를 풀어나갈 안목과 영감을 얻는 것이리라.

잘 어울리지만 편을 가르지 않는다

群而不黨

공자께서 말씀하셨다.

"군자는 긍지를 가지면서도 다투지 아니하고, 여러 사람과 어울리면서도 편을 가르지 않는다."

子曰, 君子 矜而不爭 群而不黨

— 제15편 위령공 21장

이 구절은 군자의 사회성을 잘 나타내주는 말이다. 군자의 긍지는 아집에서 나오는 것이 아니다. 그렇기 때문에 다투지 않고 스스로 당당할 수 있다. 그러나 소인의 자만은 아집에서 나온다. 아집과 아집이 만나면 다투게 되는데, 이것은 진정한 당당함이라고 할 수 없다. 아집이 없는 사람을 무골호인無骨好人이라 표현하기도 하지만 실제로는 가장 당당한 사람이라 할 수 있다.

"나는 다투려 하지 않는데 상대가 다투려 하기 때문에 어쩔 수 없다."

흔히 이렇게 말하는 사람들이 있다. 하지만 옛 성현들이 사람들과 관계 맺는 모습을 보면 상대와 다투는 듯한 모습을 보이더라도 그런 상황에서조차 심층의 마음은 자유로웠음을 알 수 있다.

군자는 사람들과 잘 어울리되 편을 가르지 않는다. 그런데 보통 사람들은 모이면 대개 편을 가른다. 불과 몇 사람만 모여도 편이 갈라진다. 소인은 다른 사람과 잘 어울리지 못하거나 아니면 파당을 만든다. 끊임없이 자기 본위로 생각하고 그렇게 살기 때문에 어울리지 못하거나, 어울리면 편을 가르려 드는 것이다. 같은 편이다가도 상대편이 사라지면 같은 편 안에서 다시 편이 갈라진다. 이것이 아집의 특성이다. 작게는 개별적 삶에서, 크게는 국가나 세계에 이르기까지 이런 파당적 삶이 반복되어 왔다.

그렇다면 다른 사람을 탓하거나 주어진 조건이나 환경을 탓하는 데서 벗어나, 아집을 근본적으로 뛰어넘는 길은 없을까? 물론 있다. 바로 자신이 먼저 군자의 삶을 사는 것이다. 요즘 상생相生이라는 말이 많은 이들로부터 공감을 불러일으키고 있는데 이것을 구체적으로 실천하려면 사회운동이나 정치 운동에서부터 잘 어울리면서도 편을 가르지 않는 군이부당群而不黨을 실천해야 한다.

서로 뜻이 맞는 사람끼리 무리를 이루는 것은 좋은 일이다. 다만 무리와 편을 갈라서 파당을 이루고 대립하는 것은 옳지 않다.

백화난만百花爛漫한 화원에 여러 가지 꽃들이 서로 군락을 이루면서 조화를 이루는 모습, 그것이 바로 군이부당의 참세계라 하겠다.

오늘 아침 목욕탕에 갔다가 문득 봉화산 철쭉을 보고 싶은 마음이 났다. 집에 돌아가는 길을 약간만 우회하면 철쭉 군락지를 지나갈 수가 있다. 일주일 전쯤 갔을 때는 덜 피었지만, 뻥튀기 장수가 15일쯤 만개할 것이라고 한 이야기가 생각나 찾아간 것이다. 16일 새벽, 만개한 철쭉의 장관을 보리라 기대했는데, 이게 웬일인가. 그 사이 꽃이 거의 지고 초록 일색이었다. 이미 늦은 것이다.

꽃이 가장 만개하는 시점은 한때인데 그것이 매년 다르다. 어떤 조건이나 상황 또는 시점에 가장 잘 들어맞는 것이 있는데, 그것이 중용에서 말하는 시중時中이다. 그런데 왜 우리는 순리에 맞는 성숙한 방법으로 시중을 하지 못하는 것일까?

요즘 우리나라를 보면 무슨 일이든 소란스럽다. 어떤 면에서는 전체주의 국가의 독재보다 진일보한 모습이 아니냐고 반문할 수 있겠지만 합의를 도출하고 해결책을 찾는 과정이 소란으로 비춰지는 것은 후진적인 모습이라 하겠다. 국회의 모습도 정상을 벗어나 있고, 이익을 위해 이합집산하는 정당과 그 내부의 파벌 정치는 전근대적 파당의 폐단을 고스란히 드러내보이고 있다. 이른바 진보를 표방하는 세력일수록 유달리 파당이 많고, 대화가 어려운 것이 우리 정치의 현주소다. 대동소이大同小異한 것 같은데, 소이小異에 집착하기 때문이다.

사회 곳곳에서 바람 잘 날 없을 정도로 갈등이 표출된다. 이것이 일사불란한 독재보다는 나을지 모르나 국가적·국민적 에너지의 낭비는 물론이거니와 국격의 추락을 피하기 어렵다. 거기에는 나름의 원인이 있겠지만, 근본적 원인의 하나가 이해관계를 중심으로 편을 짜는 고질적 파당 문화 때문이 아닐까 싶다.

소이小異와 소리小利에 집착하는 소인배의 파당문화가 아니라 같음을 구하며, 다름을 존중하는 구동존이求同存異의 방향으로 우리의 의식을 진화시켜가는 것이 근원적 해결책이 될 것이다.

군자는 위로 통달하고 소인은 아래로 통달한다

君子上達 小人下達

공자께서 말씀하셨다.

"군자는 위로 통달하고, 소인은 아래로 통달한다."

子曰, 君子上達 小人下達

— 제14편 헌문 24장

사람이 동물과 다른 것은 지능 덕분이라고 할 수 있다. 지능에 의해 동물 일반과는 다른 특징을 갖고, 지금의 문명을 이루게 된 것이다. 하지만 사람도 생명체가 일반적으로 갖는 자기중심 성을 갖는 것은 당연하다.

생태계는 모든 단위가 자기중심성을 가지면서 상호 조화를 이룬다. 그래서 자기 존속을 위한 조건들을 충족시키지 못하는 생명체는 결국 사라지게 된다. 능력이 모자라서 환경에 적응하지 못하는 경우도 있지만 능력은 뛰어나지만 오히려 그 능력 때문에 환경을 파괴하여 사라지게 되는 경우도 있다. 공룡의 역사가 그 대표적인 사례다.

그런데 지금 인간이 공룡의 전철을 밟는 것은 아닌지 우려하는 목소리가 높다. 공룡은 힘에서만큼은 당시 무적이었지만 오히려 그 때문에 생태계의 조화를 깨뜨려 스스로 멸망의 길을 걸었다. 인간도 동물과 다른 막강한 힘을 바탕으로 제2의 공룡이 되어 자멸의 길을 걷는 게 아닐까 하는 것이다.

그런데 인간의 능력은 공룡의 그것과는 다르다. 인간에게는 지능이 있어서 동물계와는 질이 다른 인간계를 세상에 출현시켰고, 생태계의 조화를 이루는 데 지금까지 지구상에 출현했던 어떤 생명체와도 비교할 수 없는 책임을 떠안게 된 것이다.

자기중심성을 가진 채 그 능력을 지나치게 발휘해서 주위와의 조화를 깨뜨리면 자신이 살고 있는 바탕이 허물어져 결국 인간 스스로도 존속할 수 없게 된다. 암세포가 숙주인 인간을 무너뜨리는 것처럼 말이다.

현재 인류를 살펴보면 인간이 고도의 지능을 자기중심적으로 남용한 결과 기상이변을 비롯해 생태계가 교란되었고, 환경과 자원 위기가 예상된다. 사람 사이에서도 자기중심성과 고도의 능력 결합은 핵전쟁에 의한 자멸의 가능성마저 열어놓고 있는 것이 현실이다.

지금 무수히 많은 문제와 거기에 따른 수많은 해결책이 제시되고 있다. 하지만 진짜 해답은 인간 존재의 특성에 달려있다. 지금까지 거대한 문명을 일으키는가 하면 인류 존속의 위기를 낳고 있는 바탕에는 인간의 지적 능력이 있다. 인간 지능의 사용 방향을 올바르게 바꾸는 것이야말로 인류의 존속과 번영 그리고 자연계 안에서 인간의 역할을 가장 잘 수행하게 할 것이다.

인간은 지능을 통해 자연을 이용하여 물질적 제약으로부터 인간을 해방시키고, 제도를 개혁하여 자유와 평등을 발전시켜왔다. 그러나 자연과의 모순이나 사회적·국가적 갈등이 그 가공할 능력 때문에 오히려 인간 자신이 엄청난 위기 앞에 서 있다. 그렇다고 인간의 능력을 뒤로 되돌릴 수는 없다. 오히려 인간의 능력을 올바른 방향으로 고도화하는 것이 최선이다.

지금까지 인간의 외부, 즉 자연과 사회를 변화시키는 데 사용한 능력을 인간의 내부를 변혁하는 데 사용할 때가 온 것이다. 이러한 의식의 변혁을 통해 자기중심성을 넘어설 수 있다. 하지만 의식의 변혁은 외부를 변화시키는 것보다 훨씬 더 어려운 일이다. 너무나 오랜 세월 동안 생명체의 역사가 자기중심성을 하나의 속성으로 유지해왔기 때문이다. 이것을 뛰어넘는 것을 우주적 비약이라고 해도 과언이 아니다.

인간의 출현 자체가 하나의 비약이었다면 의식의 변혁은 궁극적으로 자기중심성을 극복하는 것이다. 다행인 것은 이미 그러한 경지를 실현한 사람들이 있다는 사실이다. 과거 성현이라 알려진 사람들은 모두 자기중심성으로부터 자신을 해방시키고, 나아가 세계 인류를 근본적 질곡으로부터 벗어나도록 도운 사람들이다. 공자가 제시한 군자君子는 바로 이 자기중심성을 넘어선 인간의 전형이다.

"군자는 상달上達하고, 소인小人은 하달下達한다."

이 구절은 군자의 특징을 잘 보여주고 있다. 군자는 자기중심성을 넘어서고자 하는 지향이 뚜렷한 사람이고, 소인은 자기중심성 속에 머무르려는 사람이다.

군자의 상달上達은 인류 진화의 방향을 잘 보여준다. 이제는 개인 차원이 아니라 인류 전체가 소인에서 군자로 진화하지 않으면 인류의 존속마저 위협받게 되는 시대가 되었다. 이것이 공자를 비롯한 성인이 제시한 길이 인류 보편의 과제가 되어야 하는 이유다.

●

아내와 병원에 갔다가 우연히 '진화와 진보'라는 신문 칼럼을 읽은 적이 있다.

"다윈의 진화론에 대한 가장 큰 오해는 진화와 진보를 동일시하는 것이다. 진보는 목적과 방향성을 갖고 있지만, 진화는 맹목적이며 계획한 의도 따위는 없기 때문이다. 진화의 유일한 방향성은 종족 번식을 위한 생존이다. 진화론은 미국 금융위기 이후 경제 환경이 급변하면서 그 타당성을 더욱 입증받고 있다. 각국 정부와 기업마다 경제위기 속에서 도태되지 않고 살아남을 수 있는 대책 마련에 골몰하고 있기 때문이다."

진보와 진화가 다른 이유는 진보가 목적과 방향성이라는 인간의 의지가 개입되어 있다면, 진화는 맹목적이고 유일한 방향성은 종족번식을 위한 생존이라는 점이다. 지금까지 자연현상과 사회현상의 다름, 종교와 과학의 대립, 특정한 이데올로기적 경직성 등을 고려한다면 진보와 진화를 동일시하는 것이 항상 옳은 입장만은 아니었다는 생각에는 동의한다.

그러나 일시적이고 부분적으로 볼 때 진보가 살아남지 못한 현상이 있었다고 할지라도 큰 흐름에서 보면 결국 진화와 진보는 일치한다고 할 수 있다. 장구한 우주 역사의 관점에서 보면 지금까지 자연선택과 적자생존의 과정은 바로 인간의 번영 과정이었다.

인간의 특성은 지적 능력과 자유 욕구에 있다. 즉 목적과 방향성을 가지고 움직이는 인간이야말로 바로 우주의 자연선택의 결과라 하겠다. 더욱이 고도로 발전한 인간의 행위 능력이 지금까지의 자기중심적 가치 체계와 결합해 인류 자신을 존속의 위기에 빠뜨리고 있는 지금의 현실에서, 이제 그 가치 이념 체계의 변혁, 즉 자기중심성의 극복이라는 진정한 진보적 가치의 실현이 인류 존속의 조건으로 떠오르고 있다.

우주의 자연선택이 인간이었다면 인간 가운데서도 어떤 유형의 사람이 가장 오래 존속했을까? 2천여 년 이상을 존속하고 있는 사람들은 바로 석가, 예수, 공자 등의 성현들이다. 이들은 자기중심성을 넘어서 가장 진보적인 가치인 사랑과 자비, 인仁의 실천을 체화體化한 사람들이다. 인류가 우주자연계에서 앞으로도 적자생존하려면 이제 보통 사람들의 의식이 성현들이 보여준 의식으로 진보해야 한다.

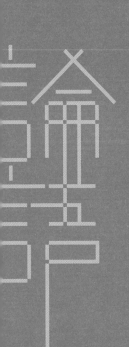

6

널리 은혜를 베풀고 대중을 구제하다

진정한 사랑은 상대가 성장하도록 돕는 데 있다

愛之 能勿勞乎

공자께서 말씀하셨다.

"사랑한다면 수고롭게 하지 않을 수 있겠는가. 진심으로 위한 다면 일깨워주지 않을 수 있겠는가."

子曰, 愛之 能勿勞乎 忠焉 能勿誨乎

— 제14편 헌문 8장

누군가를 진심으로 사랑한다면 그 사람의 성장을 위해 무엇을 할 것인가? 이 구절을 읽으면서 아무런 고생도 시키지 않고 자식이 편하게 살기 바라는 요즘 부모들의 모습이 떠올랐다. 과연 세상의 풍파마저도 자식 대신 맞겠다는 결연한 마음으로 온실 속 화초처럼 보호하는 것이 사랑일까. 아이들이 부모의 지나친 사랑 때문에 제 앞가림도 못한 채 게으르고 의존적이 되어가는데 말이다.

젊어서 고생은 사서도 한다는 말이 있다. 이것은 낡은 시대의 이야기가 아니라 오랜 세월 살아온 삶의 지혜. 부모가 정말로 자식을 사랑한다면 자기 일에 최선을 다하는 사람으로 자라도록 도와야 한다. 또한 감정에 치우쳐 화를 내는 대신 당사자에게 필요한 조언을 하는 부모나 스승이 드문 현실도 안타깝다. 부모나 스승이 감정에 치우쳐 화를 내면 아이의 마음을 움직일 수 없다.

최근 들어 체벌 금지에 대한 논의가 많은데, 폭력 없는 사회를 향한 근원적인 움직임이라는 점에서 큰 진보라고 할 수 있다. 제도가 사람들의 의식을 변화시키는 측면도 있는 만큼, 제도를 먼저 정해놓고 그것을 지키기 위해 노력하다 보면 의식도 향상될 수 있다.

다만 제도의 문제보다 더 중요한 것은 교사나 학생 모두 체벌 금지가 갖는 의미를 제대로 받아들이는 의식의 발전이 있어야 한다는 점이다. 사랑과 존경의 마음도 없이 단지 제도와 규범으로만 서로를 묶고 있는 학교나 가정이라면 어딘가 을씨년스럽지 않은가.

기왕 체벌 금지를 제도화한다면 새로운 학교 문화로 정착할 수 있도록 의식의 측면에서도 많은 노력이 병행되어야 할 것이다. 이런 문제를 제기하면 사회 구조적인 문제라 고치기 어렵다며 한발 물러서는 경향이 있다. 만약 사회의 전반적 구조나 가치관이 교육의 정상화를 가로막고 있다면 거꾸로 교육계에서 먼저 사회를 향해 새로운 바람을 불러일으킬 수는 없을까.

나라의 장래를 생각할 때 지금 우리 교육의 정상화보다 더 근원적이고 시급한 과제는 없다.

●

요즘《다산 정약용의 편지글》이란 책을 읽고 있다. 유배지에서 두 아들에게 보낸 절절한 사연이 감동을 준다. 그중에서 삼근계三勤戒를 소개할까 한다.

삼근계란 부지런할 것을 세 번 훈계한다는 뜻이다.

다산 정약용이 황상(다산이 가장 사랑하고 아낀 제자)에게 문사文史를 공부하라고 권했다. 그러자 황상은 쭈뼛쭈뼛하며 부끄러운 낯빛으로 말했다.

"선생님, 제게 세 가지 병통이 있습니다. 첫째는 너무 둔하고, 둘째는 앞뒤가 꽉 막혔으며, 셋째는 답답한 것입니다."

그러자 다산 정약용이 황상을 칭찬하며 배우는 사람의 자세에 대해 다음과 같이 언급했다.

"배우는 사람에게 보통 세 가지 큰 병통이 있게 마련인데 네게는 그것이 없구나! 첫째 외우는 데 민첩한 사람은 소홀한 것이 문제다. 둘째 글 짓는 것이 날래면 글이 들떠 날리는 것이 병통이다. 셋째 이해가 재빠르면 거친 것이 폐단이다. 무릇 둔한데도 계속 파고드는 사람은 구멍이 넓어지고, 막혔다 소통이 되면 그 흐름이 탁 트이게 되는 것이다. 답답한데도 꾸준히 연마하는 사람은 그 빛이 윤택해진다. 파고 들어가는 것은 어떻게 하느냐, 부지런해야 한다. 소통시키는 것은 어떻게 하느냐, 부지런해야 한다. 연마하는 것은 어떻게 하느냐, 부지런해야 한다. 네가 어떤 자세로 부지런히 해야 하느냐, 마음을 확고하게 다잡아야 한다."

황상의 나이 열다섯 살 때의 이야기다.

이 글은 우리 시대 부모나 스승이 자제나 학생을 어떻게 대해야 하는지 그 마음 자세를 다시 생각하게 한다.

요즘 본인의 소질과는 관계없이 어떻게든 성적을 올리려고 극성을 떠는 부모나 아이의 눈치를 보느라고 싫은 소리 한 번 못하는 유약한 부모들을 자주 본다. 이것은 참된 부모의 길이 아니다.

자녀의 소질과 취향을 제대로 파악하고 그것을 존중하며 혹시 막힌 곳이 있다면 그곳을 뚫어주고 그 특성을 실현할 수 있도록 격려하고 때로는 엄하게 가르치는 것, 이것이야말로 아이를 위한 참된 사랑이다.

충忠과 서恕가 있을 뿐이다

一以貫之

공자께서 말씀하셨다.

"삼아, 나의 도는 하나로 관철되어 있다."

증자가 말했다.

"예, 그러합니다."

공자가 나가시자 제자가 물었다.

"무슨 말씀이신지요?"

증자가 말했다.

"선생님의 도는 충忠과 서恕일 따름이니라."

子曰, 參乎 吾道 一以貫之 曾子曰, 唯. 子出 門人 問曰, 何謂也
曾子曰, 夫子之道 忠恕而已矣

— 제4편 이인 15장

공자는 자신의 도가 충忠과 서恕일 뿐이라고 했는데, 이것이
의미하는 바는 무엇일까? 여러 가지 해석이 있을 수 있겠지만
공자 사상의 전체적인 맥락에서 본다면 충은 온 마음을 다해
최선을 다하는 것이다.

보통 군주나 국가에 대해서 충이라는 말을 써왔지만 그것은 그 시대적 상황이나 사회적 필요를 반영한 단면일 뿐이다. 어떤 관계, 어떤 사람, 어떤 일에 있어서도 구현되는 것이 충이라 할 수 있다.

흔히 사람의 능력은 경쟁을 통해서 가장 잘 발휘된다고 하는데, 그것은 충과는 근본적으로 다르다. 경쟁에 의해서 발휘되는 능력에는 긴장이 따른다. 상대에게 질 경우는 말할 것도 없거니와, 비록 상대에게 이겨서 일시적 만족감을 얻는다 할지라도 얼마 지나지 않아 계속되는 경쟁에 대비해야 하기 때문에 고삐를 늦출 수가 없게 된다.

진정한 충은 장난감 조립을 좋아하는 어린이가 밥 먹는 것조차 잊고 그 일에 몰두하는 것처럼 편안함 속에 집중하는 상태에 비유할 수 있다.

요즘 '무한 경쟁'이라는 말이 마치 우리가 사는 세상을 나타내는 대명사처럼 쓰이고 있다. 이 흐름 속에서 낙오자가 되지 않기 위해 안간힘을 쓰고 있는 우리의 실태를 보면 이것이야말로 말을 거꾸로 타고 목적지를 가고 있는 것이 아닌가 싶다. 결코 행복할 수 없는 마음 상태로, 행복을 위해서는 피할 수 없이 가야만 할 길로 착각하는 것이다.

그래서 행복한 세상을 꿈꾸는 사람들은 비인간적이고 부자유한 경쟁에서 벗어나고 싶어 한다. 그런데 이 경쟁을 대신할 가치에 대해서는 의외로 막막해한다. 그러다 보니 경쟁이 생산력의 바탕이 되는 현실 앞에 당당하지 못하다. 협동이나 상생과 같은 추상적인 구호로는 실질적인 생산력을 만들어내지 못하기 때문이다. 사회주의란 실험이 실패한 것도 '낮은 생산성'이라는 암초에 발목을 잡힌 것이다.

나는 경쟁을 넘어서 경쟁을 대체할 수 있는 가치가 충忠이라고 생각한다. 다만 아직은 충을 생산력의 바탕으로 생각할 정도로 사람들의 의식이 앞으로 나아가지 못했고, 경쟁을 동력으로 하지 않는 시스템을 보편화할 수 없기 때문에 상당한 기간 경쟁이 우리 사회를 지배할 것이다.

그때까지는 공정한 경쟁이 현실적 목표가 될 수밖에 없다. 그러나 진정한 의미에서 자유롭고 행복한 세상을 꿈꾸는 사람들은 결국 충이 생산력의 바탕이 되는 사회를 향해 나아가게 될 것이다.

서恕는 자기와 다른 것을 있는 그대로 받아들이는 상태를 말한다. 화이부동和而不同하는 삶의 바탕을 이루는 것이 서다. 충과 서는 소아小我를 넘어서는 세계에서 발현된다. 예를 들어 여러 사람이 함께 생활하는 경우에 어떤 사람이 설거지를 하면서 '왜 저 사람들은 나처럼 하지 않을까?' 하는 마음을 가진다면 현재 상태를 즐길 수 없다. 그러나 그 상황을 있는 그대로 받아들여恕 혼자 설거지하는 상황을 불편해하지 않고, 설거지에만 집중忠할 수 있다면 그 행위를 즐길 수 있다. 서와 충은 이렇게 함께 가는 것이다.

●

부부야말로 충과 서를 연습하고 실천할 수 있는 가장 좋은 도반道伴이며 가정은 가장 좋은 도량道場이다. 남편은 남편으로서, 아내는 아내로서 서로에게 진실한 사람이 되는 것이 충이라면, 서란 상대방을 있는 그대로 받아들이는 것이다.

부부 사이라 쉬운 것 같지만, 오히려 서로 상대방을 잘 안다고 생각하는 함정에 곧잘 빠지게 되어 어렵고 힘든 면이 있다.

상대방을 잘 안다지만 사실은 있는 그대로가 아니라 자기 생각으로 상대를 보기 때문에 정확히 본 것이 아니다. 남녀가 만나 사랑을 할 때는 좋게만 보이던 것이 결혼해서 살다 보면 단점과 문제점이 고스란히 보이기 시작한다. 진정한 사랑은 이때부터 시작된다. 서로의 아집과 아집이 부딪치면서 힘들어지지만 여기서 멈추면 인생의 가장 귀중한 기회를 포기하게 된다. 서로의 아집을 잘 받아들여서 녹여내면 가정은 그야말로 최고의 도량이 될 수 있다.

성격이 다른 부부일수록 아집을 극복하기 위한 맞춤형 스파링 파트너라 할 수 있다. 부부가 서로 다름을 이해하며 서로에게 맞춰가는 것, 이것이 진짜 사랑이다. 부부의 평화가 세계평화의 초석이라는 말은 결코 과장이 아니다.

성격이나 취향, 그리고 자라온 환경이 다른 부부가 서로를 있는 그대로 받아들이고 서로에게 최선을 다하는 연습을 통해 점차 한 사람의 성숙한 인격체가 되어간다. 그래서 결혼이야말로 소아小我를 넘어서도록 서로를 북돋울 수 있는 인생의 가장 큰 축복이 아닐까 한다.

천하가 다 인仁으로 돌아가게 하다

克己復禮 天下歸仁

안연이 인仁에 대하여 묻자, 공자께서 말씀하셨다.

"극기복례克己復禮가 곧 인이니, 하루 극기복례하면 온 천하가 다 인으로 돌아가게 마련이다. 인을 이룸이 자기로 말미암은 것이니, 어찌 남에게 연유하는 것이겠는가."

안연이 다시 여쭈었다.

"그 세목細目을 말씀하여 주십시오."

공자께서 말씀하셨다.

"예가 아니면 보지 말고, 예가 아니면 듣지 말며, 예가 아니면 말하지 말며, 예가 아니면 행동하지 말아야 한다."

안연이 말했다.

"제가 비록 불민하오나 그 말씀을 받들어 실천해보겠습니다."

顔淵 問仁 子曰, 克己復禮爲仁 一日克己復禮 天下歸仁焉 爲仁由己 而由人乎哉 顔淵曰, 請問其目

子曰, 非禮勿視 非禮勿聽 非禮勿言 非禮勿動 淵曰, 回雖不敏 請事斯語矣

— 제12편 안연 1장

극기복례克己復禮라는 말은 귀에 많이 익지만, 그 참뜻을 이해하기는 쉽지 않다. 요즘 극기훈련을 많이 한다고 하는데, 잘 참지 못하는 세대에게는 참는 훈련이 필요해서 유행하는 것일지도 모른다. 절대빈곤이나 독재가 지배하던 시절에는 싫어도 참아야 할 일이 많았지만 경제가 성장하고 민주화가 진전된 뒤로는 높아진 자유도自由度에 반비례해서 참아내는 힘이 부족해진 듯하다.

나이 많은 이들이 새로운 일을 시작하는 자식들에게 "어려운 일이 있더라도 참아내라"는 훈계를 많이 한다. 젊은이들이 참는 힘이 부족해보여 하는 걱정이겠지만, 그들의 관념 속에는 참는 것이 이미 하나의 중요한 덕목으로 자리 잡고 있기 때문이다.

자기가 하고 싶지 않은 일을 하지 않고, 만나고 싶지 않은 사람을 만나지 않고 살 수만 있다면 좋겠지만, 세상은 그렇게 간단하지 않다. 그래서 싫다고 생각하는 것도 참고 이겨내는 것이 필요하다. 세상을 오래 산 사람들일수록 이러한 사실을 체험적인 삶의 이치로 여기는 것이다.

그러나 극기克己를 그저 참고 이겨내는 것으로 이해하는 것은 공자가 말하는 진정한 극기에 미치지 못한다. 이것은 억지로 참아야만 하는 부자유의 세계가 아니라 참을 것이 없는 자유의 세계이고 이것이 진정한 극기다. 따라서 복례復禮도 극기와 따로 떼어서 보는 것은 옳지 않다. 복례를 '사람 사이에 지켜야 할 바람직한 행위규범에 따라야 한다'는 식으로 생각하기 쉽다. 물론 하고 싶지 않아도 참고 다른 사람을 생각해서 예에 맞게 행동하는 것도 필요할 때가 있지만 그 바탕에는 부자유가 있어서 즐겁지만은 않다.

공자가 《논어》에서 수차례 강조했듯이 예를 즐기는 것은 사람과의 관계가 즐거워지는 것이다. 그것은 딱딱한 규범의 세계가 아니라 아집을 넘어선 자연스러운 '사이좋음'이다. 즉 극기복례는 아집으로부터 자유로운 사람이 되어 다른 사람과 사이좋아지는 것을 말한다. 이것이 인간이 지향하는 본연의 모습이다.

현대인들의 높아진 자유도에 비추어볼 때 공자의 극기복례는 사람이 한평생 지향할 최고의 목표로 삼을 만하다.

●

한자의 구성을 자세히 보면 옛 사람들의 축적된 지혜를 느낄 수 있다. 특히 사람과 사람 사이에서 일어나는 마음의 흐름에 대한 뛰어난 통찰을 볼 때마다 경탄을 금할 수 없다. 속담에 "참을 인忍자 세 번이면 살인도 면한다"는 말이 있다. 인忍자는 칼 도刀와 마음 심心의 합성으로 이루어져 있다. 짐작컨대 칼날을 품은 마음이나 밖으로 나오지 않게 칼날을 안으로 누르고 있는 마음 상태를 보는 듯하다.

기사나 뉴스에 나오는 불쑥 일어나는 화를 참지 못해 사고를 치는 사람이나 잠시의 고통을 견디지 못해 큰일을 그르치는 사람을 볼 때 인내의 미덕을 떠올리게 된다. 그래서 지금도 나이 많은 사람들이 자녀에게 참으라고 당부하는데, 요즘 사람들은 잘 참으려 하지 않는다. 물론 거기에는 인내를 미덕으로 강요하던 전근대 사회의 억압적인 제도와 인습에 대한 거부감이 담겨 있기도 하다. 그러나 정신적 지구력이 현저하게 약해진 젊은이를 볼 때 예전과는 다른 차원에서 인내의 미덕을 말하고 싶다. 인내를 통해 자기감정을 통제할 수 있기 때문이다.

참을 인보다 한 단계 진화된 것이 서恕라는 마음의 상태다.

서恕라는 글자는 같을 여如와 마음 심心의 합성어로 이루어져 있다. 상대의 마음이 되어보라는 의미에서 만들어진 게 아닌가 싶다. 어떤 현상을 받아들인다는 점에서는 '인'과 '서'가 비슷해 보이지만, 사실 그 거리는 엄청나게 멀다. 참는 것은 언젠가 참지 못하는 상태로 변할 수 있다. 즉 참는 상황은 여전히 자기중심성을 벗어나지 못한 상태이기 때문이다. 그때의 마음 상태는 조건에 매여 있으므로 대단히 부자유스럽다. 어느 때가 되거나 한계에 부딪히면 참았던 분노와 증오가 한꺼번에 터져 나올지도 모른다.

그러한 감정의 분출이 때로는 내면의 부자유를 씻어내고, 때로는 사회 변혁의 에너지로도 작용할 수 있다. 하지만 분노와 증오의 감정에 계속 머물러 있게 되면 결국 부메랑처럼 자신을 향해 돌아오게 된다. 그래서 인간은 이러한 단계를 지나 인忍에서 서恕로 한 단계 더 진화해야 한다.

서는 자기중심성을 넘어서는 마음이다. 상대를 받아들이는 것이 편한 상태를 말한다. 이때는 부자유가 없다. 상대가 스스로 변할 수 있는 환경을 만들어주는 것이다. 이런 서야말로 옛 성현들이 극기복례라고 한, 바로 그 단계가 아닐까 한다.

널리 은혜를 베풀고 대중을 구제하다

博施濟衆

자공이 여쭈었다.

"만일 널리 백성에게 은혜를 베풀고 능히 대중을 고난에서 구제한다면 어떠합니까? 인자仁者라 할 수 있겠습니까?"

공자께서 말씀하셨다.

"어찌 인자에 그치랴. 반드시 성인聖人이로다. 요순堯舜도 오히려 근심하신 바이니라. 인자란 자신이 서고 싶으면 남을 세우고, 자기가 이루고 싶으면 남을 이루어 주느니라. 능히 자신을 미루어 남을 헤아릴 수 있다면 이것이 곧 인에 이르는 방법이라 할 수 있느니라."

子貢曰, 如有博施於民 而能濟衆 何如 可謂仁乎 子曰, 何事於仁 必也聖乎 堯舜 其猶病諸 夫仁者 己欲立而立人 己欲達而達人 能近取譬 可謂仁之方也已

— 제6편 옹야 28장

자공이 공자께 인仁에 대해 여쭙자 다음과 같이 대답한다.

"내 자신이 서고 싶으면 남을 세우고, 내가 이루고 싶으면 남을 이루어주는 것이 바로 인이다."

곧 인이 추구하는 최종목표가 결국은 이타利他의 실천임을 명백히 하고 있다.

이런 측면에서 나는 양보라는 말을 떠올린다. 자비나 사랑이라는 말도 대단히 훌륭하지만 자칫 추상화되기 쉽다. 그런데 양보는 구체적일 뿐만 아니라 언제나 일상적으로 직면하는 상황이다.

오래전에 읽었던 러시아 작품에서 작가는 다음과 같이 말한다.

"나는 인류를 생각하면 사랑의 마음으로 가득차지만, 이웃만 생각하면 혐오감 때문에 견딜 수 없다."

보통 사람의 경우 처음 한두 번은 도덕적 선행으로 생각하면서 양보를 실천한다. 그러나 몇 번 양보하다가 상대로부터 반응이 없거나 무시를 당했다고 판단되면 그만 각이 서버리기 쉽다. 그때가 가장 중요한 순간이다. 이때 한 발 더 나가는 것이 인자가 되는 분명한 길이다.

이것이 더 넓어져 박시제중하는 것을 최고의 덕, 즉 성聖이라고 한다.

공자는 인에 대해 다음과 같이 말한다.

"인이란 자기를 바로 세우는 길이 다른 사람을 위하는 행行과 하나다."

거기서 출발하여 궁극은 성聖에 이른다. 불가佛家에서 말하는 상구보리 하화중생上求菩提 下化衆生(위로는 지혜를 구하고, 아래로는 중생을 교화함)과 통한다. 앞으로 종교가 과학과 서로 보완하고, 자기혁신이 사회적 실천과 결합하여 세상을 일변一

變시킬 수 있다면 인류는 성화聖化의 길로 나아갈 수 있다.

하루하루 살기가 힘들고, 경쟁적 관계 속에서 서로 갈등을 일으키고 실망하는 일이 많다. 하지만 그럴수록 인간에 대한, 인간의 진화 가능성에 대한 믿음을 잃지 않는다면 인의 세계는 어느 순간 우리 곁에 바짝 다가와 있으리라.

●

《논어》는 군자와 소인을 뚜렷하게 구분해놓았다. 그렇다 보니 이 책을 읽다 보면 어느 새 스스로에게 묻고 있는 나를 발견하게 된다.

'나는 군자인가, 소인인가?'

내 안에 공자가 말한 소인의 특성이 많음을 발견하고 '아직 멀었구나' 하는 자괴감을 느끼기도 하지만, 한편으로는 군자의 특성만 가진 사람이나 소인의 특성만 가진 사람은 그리 많지 않을 것이란 생각에 위안을 찾기도 한다.

심지어 공자 스스로도 "군자의 도가 셋이 있는데, 나는 그중 하나도 제대로 못하고 있다"라고 말한 적이 있다. 이 말은 공자의 겸양이겠지만, 여기서 우리는 소인에서 군자로 나아가는 과정이 곧 인간 진화의 길이라는 통찰을 읽을 수 있다.

인간이 동물계 일반의 자기중심성에 머무느냐 아니면 그것을 넘어서느냐 하는 것이 바로 한 단계 더 높은 진화를 향한 분기점이 아닐까 싶다. 이기적인 자기중심성을 넘어서는 것이 행복의 길이라는 자각을 하고 그렇게 살려는 사람은 이미 군자의 길을 가는 사람이다.

물론 군자의 삶을 살겠노라고 결심했다고 실제로 그렇게 되는 것은 아니다. 그러나 그런 마음조차 내지 못하고 자신의 이익에 함몰되어 사는 사람과는 출발점이 다를 수밖에 없다.

지금이 난세이고 종말이 가깝다고 말하는 사람들도 있지만, 지금의 물질적 수준이나 민주화의 수준, 에고로부터 해방되고자 하는 욕구의 증대, 자원봉사나 기부의 확산 등을 고려하면 공자의 시대와는 비교할 수 없을 정도로 군자의 삶을 지향하는 것이 쉬운 시대가 되었다.

세상에 자신만의 피난처는 없다. 이런 사고방식은 현실적이지도 않지만, 위기에 맞닥뜨렸을 때 결국 자기 함정에 빠지고 만다. 문제를 풀어나가는 데 필요한 해법은 자기중심적 사고를 버리고 우리 모두가 군자의 삶을 향해 첫 걸음을 내딛는 데 있다.

다섯 가지 실천이 인仁이다

能行五者於天下 爲仁矣

자장이 공자께 인자에 대해 여쭈자, 공자께서 말씀하셨다.

"능히 다섯 가지 덕을 천하에 행한다면 인자이니라."

자장이 그 다섯 가지에 대하여 듣기를 청하자, 공자께서 말씀하셨다.

"공손, 관대, 신의, 민첩, 은혜다. 공손하면 모욕을 당하지 않고, 관대하면 여러 사람의 지지를 얻으며, 신의가 있으면 남들이 일을 맡기고, 민첩하면 공적을 올리게 되며, 은혜를 베풀면 능히 사람을 쓸 수 있게 된다."

子張問仁於孔子 孔子曰, 能行五者於天下 爲仁矣 請問之 曰, 恭寬信敏惠 恭則不侮 寬則得衆 信則人任焉 敏則有功 惠則足以使人

— 제17편 양화 6장

이 구절은 인仁을 구체적으로 실천하는 것에 대한 말이다. 즉 인을 추상적·관념적으로 이해하는 데 머무르기 쉬운 사람들에게 실행에 대하여 구체적으로 생각해보게 한다.

인은 다섯 가지 덕목이 조화를 이룬 인격에 의해서 제대로 실행될 수 있다. 일반적으로 다섯 가지 덕목 가운데 한두 가지는 가질 수 있으나, 다섯 가지를 모두 조화롭게 갖추기는 결코 쉬운 일이 아니다. 공손하고 관대하지만 민첩하지 못한 경우도 많고, 신의가 있고 민첩하지만 공손하거나 관대하지 못한 경우도 있다.

흔히 공손하면 무시당하거나 모욕당하기 쉽다고 해서 일부러 허세를 부리는 경우가 있다. 하지만 상대의 반응을 의식하는 공손은 진짜가 아니다. 이런 낮은 차원을 넘어서는 절대의 공손은 결코 모욕당할 수 없는 것이다.

관대함도 사람을 얻는 수단으로 나타나는 경우는 얼마 안 가서 그 밑천이 드러나고 만다. 있는 그대로의 상대를 받아들일 수 있는 내면의 힘, 이것이야말로 진짜 관대함이다.

'내가 생각하는 것이 틀림없다.'

이런 생각이 강한 사람은 결코 관대할 수 없다.

신용이 있으면 남이 일을 맡기고, 민첩하면 공적을 올린다는 말은 인의 실천이 결코 어진 성품만을 이야기하는 것이 아니라는 것을 잘 보여준다. 인의 중요한 덕목 중 하나가 실무적 능력이라는 것은 이 책의 여러 곳에서 언급되고 있다. 즉 공손하고 관대하며 베푸는 태도와 실무적 능력을 함께 갖추는 것이 중요하다.

민첩하고 약속을 잘 지키지만 관대하지 못하거나, 공손하고 관대하긴 하지만 실무적 능력이 떨어지거나 약속을 잘 지키지 못하는 것은 공자가 말하는 인의 실천과는 거리가 멀다.

공자는 헌문 편에서 다음과 같이 말하고 있다.

"덕이 있는 사람은 반드시 말이 들을 만하거니와, 말이 들을 만한 사람이라고 해서 반드시 덕이 있다는 것은 아니다. 인仁한 사람은 반드시 용기가 있거니와, 용기 있는 사람이라고 해서 반드시 인한 것은 아니다."

덕이 바탕이 되어 나오는 말이라야 힘이 있다. 시시비비를 잘 가리는 것도 뛰어난 능력이지만 그보다 훌륭한 것은 자신의 말과 행동을 일치시키는 것이다. 새로운 세상에 대해서도 마찬가지다. 새로운 세상을 이야기하려면 스스로의 마음속에 먼저 새로운 세상이 실현되어야 한다. 그래서 과거 혁명운동을 할 때는 탁상공론을 배제하고 실사구시하자는 의미로 "조사調査(사물의 내용을 명확히 알기 위하여 자세히 살펴보거나 찾아봄) 없이는 발언권도 없다"라는 말을 했다.

이제는 여기서 더 나아가 새로운 문명, 새로운 사회를 위해 실천하려는 사람들에게 "생활生活 없이는 발언권 없다"라는 기풍이 만들어졌으면 좋겠다.

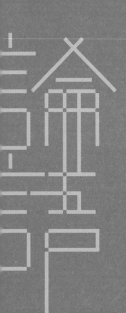

7

사람들 속에서 사람과 함께 산다

지극한 덕은 칭찬받기가 어렵다

其可謂至德也已矣

공자께서 말씀하셨다.

"태백泰伯은 참으로 지극한 덕을 지녔다고 할 수 있다. 세 차례나 천하를 양보하였는데도 사람들은 그의 덕을 칭찬할 줄 모르는구나."

子曰, 泰伯 其可謂至德也已矣 三以天下讓 民無德而稱焉

— 제8편 태백 1장

지덕至德은 사람들이 쉽게 알아채지 못한다. 사람들은 큰 덕이 알려지지 않는 것을 안타까워할지 모르지만 진정한 덕은 그 자신을 알리려 하거나 칭찬받으려고 하는 것과는 인연이 없다. 조금이라도 내가 했다는 생각이 있으면 설령 세상을 구했다 하더라도 그것은 보살이 아니라는 《금강경》의 내용과도 일맥상통한다.

요즘 여론의 위력은 대단하다. 인터넷, 특히 SNS 등의 발전으로 직접 민주주의가 성큼 다가온 느낌마저 든다. 정당이나 정책, 정치인에 대한 지지가 시시각각 숫자로 표현된다. 그러다 보니 긍정적인 측면도 있지만 부정적인 측면도 많이 나타난다. 인기영합주의는 직접적으로 대상이 되는 사람이나 정당, 정책, 문화 예술 분야는 물론 국민 전반의 의식에 여러 숙제를 안겨주는 것 같다.

이런 점에서 공자가 언급한 말이 새롭게 다가온다. 어떻게 하면 여론이 공의公義와 일치하는 방향으로 나아갈 수 있을까? 역시 진정한 덕을 갖춘 사람들이 모든 분야에서 중심을 잡아가는 것이 중요하다는 생각이 든다. 햇빛이나 물처럼 그 존재가 절대적인 경우에는 고마움을 모르는 것처럼 지덕한 사람도 마찬가지다.

《성경》에 "왼손이 하는 일을 오른손이 모르게 하라"는 말이 있다. 이것은 뭔가 좋은 일을 하려는 사람들이 빠지기 쉬운 함정을 지적하는 말이다. 남에게 감사받고, 좋은 평판을 누리며, 세상에 이름이 알려지는 것을 바라는 마음이 있을 때는 진실에서 멀어지기 쉽다. 따라서 외적인 것들로부터 마음을 챙기는 연습 과정이 필요하다.

예를 들어 내가 사는 마을에서는 노동의 교환 형태인 품앗이보다 진일보한 자유 노동(대가 없는 자발적 노동)을 하고 있는데, 그 노동으로 이루어지는 결과물도 있지만 그보다는 정말로 자유로운 마음을 연습하는 목적이 훨씬 더 크다. "가장 이상적인 정치는 통치자의 존재를 의식하지 못하는 상태다"라는 말이 있다. 어떻게 보면 무정부 상태가 가장 이상적인 것 같지만 현재 우리의 의식 수준으로는 오히려 엄청난 재앙이 될 가능성이 크다.

따라서 사람들의 자율성, 다른 말로 표현하면 덕성이 커지는 것만큼 시스템이 잘 갖춰져야 한다. 그런 측면에서 볼 때 보통 보수 쪽이 '작은 정부'를, 진보 쪽이 '큰 정부'를 이야기하는 것은 현재의 자유시장경제의 모순 때문에 불가피할지 모른다. 하지만 궁극적으로는 정부의 역할이 축소되고 자치와 자율이 확대되는 것이 진정한 진보가 아닐까 싶다.

●

"영무자寧武子는 나라에 도가 있으면 지혜로웠고, 나라에 도가 없으면 우직하였으니, 그의 지혜는 따를 수 있어도 그의 어리석음은 따를 수 없다."

공자가 공야장 편에서 한 말이다.

영무자라는 사람은 위나라의 문공과 성공을 섬겼던 사람이다. 문공을 섬길 때는 정치가 순조로워 당시 그는 가장 지혜로운 신하로 손꼽히고 있었다. 반면 성공 때는 정치가 어지러웠다. 이렇듯 어려운 처지를 당하여서도 영무자가 일신의 위급과 불리함을 돌보지 않고 어리석은 바보처럼 꿋꿋이 불의를 저지르는 무리와 맞서 마침내 책임을 다했다.

공자가 이것을 칭송한 것이다.

지知가 밝은 이성理性이라면 우愚는 깊은 심덕心德을 가리키는 말이다. 요즘 시대에 생각해보면 우란 이익을 바탕으로 하는 영악한 타산을 넘어서는 것이다. 이익 때문에 서로 버티고 다투는 세상에서 가장 필요한 것은 먼저 양보의 손길을 내미는 주도성이라 하겠다. 우리 시대는 이렇게 할 수 있는 사람을 기다린다.

이것은 정의 실현을 위해 어려운 싸움을 하고 있는 사람들에

게 불의에 타협하고 양보하라는 말이 아니다. 다만 따뜻하고 정
감 있으며 정의로운 사회를 구현하고자 한다면 생각하고 행동
함에 있어 이해타산을 넘어선 심덕이 바탕이 되어야 함을 말하
고 있다.

공자께서 말씀하셨다.

"유由는 어찌 그런 비파를 내 집에서 타는가?"

이후 제자들이 자로를 존경하지 않자 공자께서 말씀하셨다.

"유는 당堂에는 올라갔지만, 아직 실室에는 들지 못하였다."

子曰, 由之瑟 奚爲於丘之門 門人 不敬子路 子曰, 由也升堂矣
未入於室也

— 제11편 선진 14장

자장이 선인善人의 도에 대하여 묻자 공자께서 말씀하셨다.

"성현의 발자취를 밟지 않아도 착한 일은 할 수 있다. 그러나
실室에는 들어가지 못한다."

子張 問善人之道 子曰, 不踐迹 亦不入於室

— 제11편 선진 19장

자로가 거문고 타는 모습을 보고 "당堂에는 올랐어도 아직 실

室에는 들지 못하였다"고 한 말은 다음 구절과 함께 읽으면 그 의미를 좀 더 잘 이해할 수 있다.

"타고난 천품으로 특별히 노력하지 않아도 착한 일을 할 수는 있지만, 그렇다고 성인의 경지에 들지는 못한다亦不入於室."

이것은 선인善人의 도에 대해 묻자 공자께서 말한 대답이다.

예술이든 사업이든, 깨달음의 길이든 사회변혁의 길이든, 그 깊은 뜻을 깨닫고 체득하는 단계에까지 가는 것이 실室에 드는 것이다. 보통은 대청마루까지만 들어가도 대단한 것으로 보지만 그것은 진짜가 아니다. 물론 당에 오른 정도만 해도 결코 가볍게 볼 일은 아니다. 보통의 경우라면 칭찬받을 만하다. 문제는 자만하고 거기에 머무는 경우다. 스스로 생각해서 당에도 들지 못했다면 우선 당에 들 일이요, 당에 들었다면 자신이 아직 실에 들지 못했음을 겸허하게 자각할 일이다.

본성이 착한 사람이 있다. 흔히 '법이 없어도 살 수 있는 사람'을 말한다. 그러나 착한 마음만으로는 실에 들어갈 수가 없다. 착한 사람이 그 성격 때문에 완고한 경우도 있고, 불인不仁을 지나치게 미워할 수도 있으며, 깨뜨리기 어려운 물렁물렁한 아집을 가진 경우도 많다.

실에 든다는 것은 무슨 의미일까. 공자의 절사絶四를 생각해 볼 수 있다. 공자는 네 가지를 끊었다. 즉 무의毋意, 무필毋必, 무고毋固, 무아毋我를 체현한 것이다. 이것이 성인의 경지며, 실에 든 것인데, 이는 성정이 착함만으로 이루어질 수 있는 세계가 아니다.

비록 5계五戒나 10계十戒를 잘 지키는 사람이라도 아집이 강하면 자신과 주위를 자유롭게 할 수 없다.

세계가 점차 하나의 '지구마을'이 되어가고 있지만 아직은 각 나라별로 앞서가기 위해 각개 약진을 하는 양상이다. 공자의 비유를 빌리면 현 시점에서 당堂에 오른 나라는 이른바 선진국이라 할 수 있다. 하지만 그보다 더 높은 경지라고 할 수 있는 실室에 든 나라는 보이지 않는다. 같은 당(대청)이라 하더라도 실(안방)에 가까이 가 있는 경우가 있고 멀리 있는 경우가 있다. 당에 올랐다가 거꾸로 마당으로 내려앉을 처지가 된 나라도 있다.

우리나라는 지난 반세기 동안 '혁명'이라고 부르기에 손색없는 비약을 거듭해왔다. 짧은 기간에 산업화와 민주화를 함께 달성했고, 중진국을 넘어 선진국을 향해 달려가고 있다. 어쩌면 선진국의 말석에 와 있는지도 모른다. 마당을 지나 섬돌을 딛고 막 대청으로 올라서려는 형국이라고도 할 수 있다.

대청, 즉 당에 오른 것을 선진국에 진입하는 것, 또는 선진화라고 한다면 실에 드는 것은 무엇이라고 할 수 있을까? 나는 그것을 '인간화'라고 부르고 싶다. 그러나 아직은 실에 든 나라, 즉 인간화를 이룬 나라가 없으니, 우리가 인류 역사상 가장 먼저 인간화의 새로운 모델 국가를 만드는 당찬 꿈을 꾸고 싶은 것이다. 기왕 대청에 오를 바에는 실室을 향해 똑바로 나아가야 하지 않겠는가. 그렇다면 우리나라가 선진화를 거쳐 인간화로 나아가려면 어떻게 해야 할까.

해답은 진보의 업그레이드에 달려있다. 전략이나 전술이 아니라 질적이고 좀 더 근원적인 차원에서 새로운 단장이 필요하다. 그것은 사회적 진보와 인간 자체의 진보가 결합하고 조화를 이루는 데서 찾을 수 있다.

지금까지 진보는 주로 타자의 속박과 착취 그리고 차별 등을 철폐하는 것을 의미했다. 물론 그런 노력은 앞으로도 계속되어야 한다. 그러나 진정한 진보를 이루기 위해서는 이것만으로는 부족하다. 새로운 정체성을 세울 수 있는 힘이 필요하다. 그러려면 자기 안에 있는 낡은 인습과 관념, 생활양식 등에서 자유로워야 한다.

진정한 진보의 비전은 자기 안의 구습에서 해방되는 데서부터 출발한다. 진보를 원한다면 사회적 불평등이나 차별, 억압, 착취를 해소하려는 노력과 함께 스스로 자기 안의 낡은 것을 청산하고 새롭게 진화하는 '사람 자체의 진보'를 목표로 삼을 수 있어야 한다. 그러면 어떻게 낡은 자신으로부터 벗어날 수 있을까?

첫째, 타자를 침범하고 지배하려는 자기 안의 욕구로부터 벗어나야 한다. 자신의 생각은 사실 그 자체와는 별개의 것이라는 자각이 일상화되어야 한다. 그리하여 '내 생각이 틀림없다'는 사고방식으로부터 자유로워져야 한다. 상대방을 자신의 주관에 의해 판단하지 않고, 있는 그대로 받아들이는 사람이 된다. 그러다 보면 점점 분노와 미움으로부터 자유로울 수 있다.

둘째, 자기 안의 타율적이고 종속적 태도로부터 해방되어 자율적이고 자립적인 사람이 되는 것이다. 타율적이고 종속적인 사람은 반대는 하지만, 혼자는 서지 못하는 사람이 되기 쉽다. 자율과 자립은 주인의식을 가지고 그 결과에 대해서 끝까지 책임지려는 태도를 말한다.

셋째, 자기 안의 차별의식으로부터 자유로워져야 한다. 자기 안에 차별의식이 없는 사람들이 진정으로 차별 없는 사회를 만들 수 있다.

넷째, 물신物神의 지배로부터 자유로워져야 한다. 소유와 소비 위주의 삶에서 존재의 삶으로 전환하는 것이다. 그럴 때 욕구의 질이 변하여 단순하고 소박한 삶을 즐길 수 있다.

다섯째, 자기중심성을 넘어서야 한다. 이것이야말로 진보적 인간의 가장 큰 표징이라고 할 수 있다. 남을 배려하고 남에게 양보하고 싶어 하는 사람이 되는 것이다. 자기중심성을 넘어서려는 노력은 대단히 진취적인 기풍을 일으켜 인간 혁명이라고까지 말할 수 있다.

이는 당파적인 인간을 넘어서 실사구시하고 역지사지할 수 있는 합리적 인간으로 나아가게 한다. 또한 일체一體의 관점에서 동체대비同體大悲하는 따뜻한 인간으로 나아가게 한다. 모든 사상과 종교에 개방적이며 결코 고정된 관념에 사로잡히지 않고 광대무변한 자유와 행복의 길을 열어준다. 나아가 편협한 민족주의가 아니라 세계주의자가 되어 세계화 시대를 선도하는 진정한 인간적 풍모를 갖추도록 이끌어준다.

이처럼 의식이 진보된 새로운 인간의 출현으로 새로운 사회, 새로운 문명이 만들어지면 마침내 실室에 드는 나라가 서게 된다.

"제나라가 일변一變하면 노나라에 이르고, 노나라가 일변하면 도道에 이르게 될 것이다."

공자가 옹야장 편에서 한 말이다. 여기서 한 번 변한다는 것은 질적 전환이 급속히 이루어지는 것을 말하며 혁명을 생각나게 한다. 그러나 진정한 일변은 폭력이나 무리無理로는 이룰 수 없다. 역사적 경험을 보더라도 일시적으로 급격하게 어떤 변화를 만들어내더라도 그것이 정도에서 벗어난다면 얼마가지 않아 다시 원점으로 돌아가고 만다.

진정한 일변은 익어서 되는 것이다. 만약 지금 세상에서 우리 나라가 일변한다면 어떤 나라를 그려볼 수 있을까. 스웨덴이나 핀란드 같은 북구의 복지 국가쯤일까. 또 그런 나라들이 일변하면 정말로 인류가 그토록 바라마지 않는 이상 국가가 될 수 있을까.

그렇지는 않을 것 같다. 부분적으로는 모델을 삼을 만한 나라가 있겠지만, 우리나라가 진정한 모델 국가가 되어 보면 어떨까. 자신과 세상의 일변을 꿈꾸는 사람들이 한 번 꿔봄 직한 꿈이다.

일을 먼저 하고 성과는 나중으로 미룬다

先事後得

공자께서 말씀하셨다.

"바른 말은 누구나 따르겠지만 그보다 중요한 일은 잘못을 고치는 것이다. 부드럽게 타이르는 말은 누구나 기뻐하겠지만, 그보다 중요한 일은 그 말의 참뜻을 찾아내는 것이다. 기뻐하나 그 참뜻을 찾아내지 않고, 따르나 그 잘못을 고치지 않는다면 나로서도 이를 어찌할 도리가 없다."

子曰, 法語之言 能無從乎 改之爲貴 巽與之言 能無說乎 繹之
爲貴 說而不繹 從而不改 吾末如之何也已矣

— 제9편 자한 23장

이 구절은 보통 사람들의 실상이다. 머리로는 좋다는 것을 알아듣는 것 같아도 실제로는 그처럼 행동하는 이가 드물며, 부드럽고 듣기 좋은 말로 하면 기뻐하지만 그 참뜻을 이해하려 하지 않는 사람들의 실태를 지적한 말이다.

예를 들어 지금 종교를 믿는 사람들이 정말로 그 가르침法語대로 따르는 삶을 산다면 이 세상은 이미 낙원이 되었을 것이다. 성당, 교회, 절 등에서 신부님과 목사님, 스님의 설법을 들을 때나 《성경》이나 《불경》을 읽을 때는 "정말 좋구나. 따르고 싶다" 하고 생각하지만 실제 생활로 돌아오면 별 생각 없이 그와 상반되는 행동을 한다. 머리로는 이해한 것 같지만 마음에서 받아들이지 못한 것이다.

실천으로 옮겨지지 않는 앎은 진짜가 아니다. 이런 실태를 위선이나 악으로 생각하여 미워하거나 종교적 근본주의의 이름으로 극단적으로 행동하는 것은 더 위험하다. 오히려 생각과 행동이 분리된 사람들의 실태를 인간 진화의 과정이라고 받아들이면 어떨까.

《불경》에는 다음과 같은 말이 있다.

"사람이 머리로 이해하는 데 2겁劫이 걸리고 체득하는 데 3겁劫이 걸린다."

그만큼 의식의 진화에는 오랜 시간과 과정 그리고 단계가 필요하다. 무아無我가 자유임을 머리로 이해했다 할지라도 그것을 체득하는 데는 훨씬 더 많은 시간과 노력이 필요한 것과 같은 이치다.

사실 머리로라도 알아듣는 것이 어디인가. 더디지만 이러한 모든 순간을 진보의 과정으로 받아들이고, 거기서 한 발짝 더 나아가는 것이 인간의 순리다. 아직 안 되는 것을 비난하기보다 이미 이루어진 것을 좋아하고, 그 위에서 좀 더 발전하려고 하는 인간의 선의지가 자라도록 북돋는 것이 훨씬 나은 방법이 아닐까 싶다.

《논어》자한 편에 안연이 다음처럼 한탄하는 말이 나온다.

"스승님께서 참된 길로 이끌어 주시니 (공부를) 그만두려 해도 그만둘 수가 없다欲罷不能."

이 말에서 참된 깨달음의 길이 어떤 것인지 짐작할 수 있다.

'이것이 옳다'고 아무리 가르쳐도 내면에서 자신의 것으로 받아들이지 않으면 아무 소용이 없다. 남의 소를 세고 있는 것처럼 공허할 뿐이다. 진리를 알게 되어 그만두려고 해도 그만둘 수 없는 상태가 될 때 자신의 삶이 된다.

"한 삼태기의 흙이 모자라 산을 이루지 못해도 그것은 내가 중도이폐한 것이다. 비록 한 삼태기의 흙이라도 내가 땅을 고르는 데 부었다면 그만큼 나아간 것이다."

이런 태도야말로 세상을 자기 책임으로 생각하는 주체적 자세라 할 만하다.

어느 날 한 스님이 자신의 깨달음에 성취가 없다고 느끼고는 속상해하며 은사 스님께 이렇게 하소연했다.

"제 업장이 너무 두터워 더 이상 중노릇 하는 것이 소용 없는 것 같습니다."

그러자 은사 스님이 이렇게 대답했다.

"업장의 바다가 너무 방대해 거기에서 그 업장의 물을 퍼낸다고 한들 그것이 줄어드는 것을 느끼기 힘들겠지만, 한 바가지를 퍼내면 딱 그만큼 줄어든 것은 사실이 아닌가."

이 말을 들은 스님은 다시 분발하여 수도에 전념하게 되었다고 한다.

세상의 진보를 위해 노력하는 사람도 이와 같다고 하겠다. 한 사람의 깨달음의 길도 이러한데 세상의 진보 과정은 말해 무엇 하겠는가.

무슨 일이든 나아가는 길에 장애는 있게 마련이다. 그러나 그 장애 앞에서 좌절하는 것은 세상이 그렇게 강요하는 게 아니라 우리 자신이 중도이폐中道而廢하기 때문이다. 진심으로 자유롭고 평등한 세상을 원한다면 그것을 위해 한 삼태기의 흙이라도 부을 일이다. 비록 이상에 비해 성과가 미미할지라도 결국은 그만큼 나아간 것이기 때문이다.

《논어》 안연 편에서 제자 번지의 물음에 공자가 다음과 같이 대답하는 장면이 나온다.

"일을 먼저 하고 얻기를 뒤로 미룸先事後得이 바로 덕을 높이는 길이 아니겠는가. 자신의 잘못을 탓하고 남의 단점을 비난하지 않음이 바로 사악함을 바로잡는 길 아니겠는가. 한때의 분함을 참지 못하고 몸을 잊고 마구 행동하여 그 화가 부모에게까지 미치게 함은 미혹됨이 아니겠는가."

선사후득이란 단순한 시간상의 선후를 말하는 것이라기보다는 선후의 이어짐이 자연스러운 상태를 의미한다. 좀 더 생각해 보면 받는다는 생각 없이 먼저 주는 행위가 이어질 때 결국은 나에게 돌아오는 것이 이 말의 참된 의미가 아닐까 한다.

이런 태도를 몸에 붙이는 것이 공인公人의 참모습이다. 줄 수 있는 것이 있고, 주고 싶은 마음이 있어 먼저 주는 성숙한 사회, 즉 선물의 사회를 이루어가는 것은 역사 속 선각자들의 오랜 꿈이었다.

군자도 미워하는 것이 있다

君子 亦有惡乎

자공이 공자께 여쭈었다.

"군자도 미워하는 것이 있습니까?"

공자께서 말씀하셨다.

"미워하는 것이 있다. 남의 나쁜 점을 떠들어대는 것을 미워하고, 아랫사람으로 윗사람을 비방하는 것을 미워하며, 용맹스러우면서 무례한 것을 미워하고, 과감하면서 막힌 것을 미워한다. 사야, 너도 미워하는 것이 있느냐?"

자공이 대답하였다.

"남의 비밀을 엿듣고 아는 체하는 사람을 미워하고, 불손한 것을 가지고 용맹하다고 생각하는 사람을 미워하며, 남의 허물을 드러내는 것을 가지고 곧다고 여기는 사람을 미워합니다."

子貢曰 君子 亦有惡乎 子曰, 有惡 惡稱人之惡者 惡居下流而 訕上者 惡勇而無禮者 惡果敢而窒者 曰 賜也 亦有惡乎 惡徼 以爲知者 惡不孫以爲 惡訐以爲直者

— 제17편 양화 24장

이 구절에는 사제 간에 기탄없이 대화하는 모습이 잘 드러나 있다. 군자가 미워하는 것은 그 심층의 허위의식과 완고함이다. 악을 미워하는 것은 보통 사람들의 인지상정인데, 남의 악을 떠들어대는 것을 군자는 미워한다. 그 허위의식을 미워하는 것이다.

악을 진정으로 미워하려면 자기 안에 악이 없을 때 온전히 가능하다. 그래서 공자는 다음과 같이 말했다.

"오직 인자만이 미워할 수 있다."

남의 허물이 드러나는 것을 통해 자기가 곧다고 생각하는 것은 스스로를 속이는 짓이다. 이런 것이 군자의 눈에는 확연히 보인다.

아랫사람이 윗사람을 비방하는 것을 미워한다는 말 또한 어찌 보면 요즘 같은 민주주의 시대에는 케케묵은 상하관념을 나타내는 말처럼 들릴지 모르겠다. 하지만 그 비방하는 마음의 심층을 잘 살펴봐야 한다. 윗사람을 비방하는 사람은 자신 안에 강한 상하관념이 있지 않는가를 잘 살필 일이다. 용맹하면서 무례하고, 과감하면서 막힌 것을 미워한다고 한 것도 그렇지 않은 사람의 무례함이나 막힘보다 훨씬 더 큰 해악을 끼치기 때문이다.

조금 다른 이야기이긴 하지만 불의에 대한 분노나 증오가 사회정의를 실현하는 데 상당한 역할을 해온 것은 수많은 역사적 사실을 통해서 살펴볼 수 있다. 예를 들면 분노가 부정과 부패, 독재와 악의 터널을 벗어나는 데 기폭제가 되기도 한다. 그러나 이런 긍정적인 측면이 있다 할지라도 사회적 실천이 분노와 증오에 휘둘리지 않고 폭력과 보복의 악순환을 넘어설 때 행복한 세상을 만들 수 있다. 미움이 아닌 친애의 정을 에너지원으로 사용할 때만이 궁극적으로 갈등이 줄어들고 미래가 밝아진다는 사실을 염두에 두어야 한다.

●

공자 식으로 사회운동의 필요성을 표현한다면 다음과 같이 말할 수 있지 않을까 싶다.

"이 시대가 소인의 운동에서 군자의 운동으로 진화할 것을 요구하고 있다."

그러기 위해서는 우선 같은 목표 지향을 갖는 사람들 간에 서로의 약점을 들춰내고 공격하는 풍조가 사라져야 한다. 이것이 가능하기 위해서는 마음속에 들어 있는 허위의식과 아집을 털어낼 수 있어야 한다. 이때 악을 행하는 것과 악과 싸우는 과정에서 나오는 허위의식 가운데 어느 것이 더 나쁜가에 대해서는 혹시라도 공자의 이야기가 오해를 불러일으키지 않았으면 한다. 군자의 미워함이란 이 시대의 선구자들, 즉 새로운 세상을 위해 한 발자국이라도 더 앞으로 나아가려는 사람들과 집단이 스스로 성장하고 발전하기를 기대하는 덕목을 말하고 있기 때문이다.

진보운동가와 군자, 어찌 보면 정말 안 어울리는 조합이라고 할 수 있다. 하지만 앞으로는 어느 조합보다 잘 어울리는 한 쌍이 되어야 할 것이다. 왜냐하면 내면이 진보하지 않는 진보운동은 점점 설 자리를 잃어 갈 것이기 때문이다. 여기서 말하는 군자는 새로운 시대에 부합하는 진보적 인간을 말한다. 허위의식과 완고함에서 해방된 진실하고 자유로운 인간 말이다.

얼마 전 읽은 금속노동자의 글 모음《새로운 실천을 꿈꾸며》속에서 그 가능성을 보게 되었다.

"아주 즐거운 상상을 해본다. 기술과 생산력의 발전에 따라 적절한 노동시간, 편안한 작업 환경, 노동시간이 35시간 이하로 줄어 노동자들이 충분한 여가를 즐기는 사회, 교육비, 의료비, 주택 문제에 시달리지 않고 사회적 평균임금이 보장되는 사회, 시장이 모든 것을 결정하고 성장을 위해 일방이 희생되는 게 아니라 경제 주체가 함께 기업과 산업, 거시경제에 대한 대안들을 만들어가는 사회, 언젠가 노동자들이 이런 사회를 만들 수 있지 않을까. 상상만 해도 즐거운 일이다."

이들은 그런 꿈을 실현하기 위해 실사구시의 입장에서 현재의 노동조합, 노동운동, 노동자의 의식에 대해 날카롭게 비판하고 분석하는 데서 노동운동을 시작하고 있었다. 그리고 그 바탕에서 좌우 어느 극단에도 빠지지 않으면서 노동자가 주인이 되는 사회를 위해 무엇을 준비하고 연습해야 할지에 대해 진지하게 묻고 또 제안하고 있었다. 근래 보기 드문 현장 실천가, 현장 사상가들을 보는 것 같아 흐뭇했다.

선구적 노동자들이 다른 분야에서 같은 꿈을 꾸는 사람들과 어깨를 나란히 하여 과거와 같은 계급적 경직성을 넘어 인간화를 향한 동지로서 결합하고 보완할 때, 진보운동은 오래 꿈꾸어 왔던 사람이 주인 되는 세상이라는 원대한 전망이 실현될 수 있다. 이제는 이런 새로운 운동의 흐름을 만들어가야 할 때가 되지 않았나 싶다.

진실로 인仁에 뜻을 둔다면 미워함이 없다

苟志於仁矣 無惡也

공자께서 말씀하셨다.

"오직 인자라야 능히 사람을 좋아할 수도 있고 미워할 수도 있다."

子曰, 惟仁者 能好人 能惡人

— 제4편 이인 3장

공자께서 말씀하셨다.

"진실로 뜻을 인에 둔다면 미워함은 없어진다."

子曰, 苟志於仁矣 無惡也

— 제4편 이인 4장

이 구절에서 '능히'라는 말은 많은 생각을 하게 한다. 보통 사람들은 좋아하고 미워하는 것이 다르고, 또 쉽게 변하기도 한다. 아침에 좋아했던 사람이 저녁에는 미워질 때가 있다. 능히 하는 것이 아니라, 감정에 끌려 지배당하는 것이다.

내 마음을 나도 모르기 때문이라고 하지만, 잘 들여다보면 거기에도 기준이 있다. 바로 '나'라고 하는 소아가 기준이 되어 지배되고 있다. 결국 나라는 소아小我를 넘어선 사람, 즉 인자仁者만이 좋아하고 미워하는 감정에 끌려다니지 않고 능히 감정을 통제할 수 있다. 그런 사람이라야 사람의 행위에 대해 객관적인 판단이 가능하다.

미움과는 사촌간이라 할 수 있는 분노도 마찬가지다. 몇 년 전 1917년생 레지스탕스 스테판 에셀의 책《분노하라》가 세계적으로 화제를 모았다. 이 책은 자유, 평등, 박애와 같은 인간의 숭고한 이상이 후퇴하고, 그것을 지켜온 사회적 기반마저 흔들리고 있는 현실에 대해 무력하고 무관심한 청년들에게 호소와 경종을 보내고 있다.

작가가 이 책에서 말하는 분노의 의미는 그 감정에 휘둘리는 상태가 아니다. 여기서 분노라 함은 비폭력 그리고 온화한 시정詩情과 불굴의 용기로 온갖 고난을 헤치며 살아온 한 원로의 평정심을 바탕에 둔 승화된 감정을 뜻한다. 공자의 말로 하면 스테판 에셀 정도는 되어야 '능히' 분노할 수 있는 사람인 셈이다.

우리가 사는 세상에는 여전히 수많은 불의와 부조리가 존재한다. 이것을 해결하는 데 어떤 심정으로 임해야 할 것인지에 대해 깊이 성찰할 필요가 있다.

공자는 말한다.

"진실로 뜻을 인에 둔다면 미워함은 없어진다."

이때 '無惡也'를 보통 '무악야'라고 읽어 '악한 것이 없다'고 해석한다. 그러나 앞부분과 이어서 읽으면 '악惡'을 '미워할 오'라고 읽는 것이 옳다. 오직 인자만이 사람을 좋아하고 미워할 수 있으며, 진정한 인자라면 미워함이 없다고 말한 것이다.

미움의 감정으로부터 자유로운 사람이 때로는 미워함에 대해서 말하기도 한다. 이것은 오히려 큰 감동으로 다가온다. 인간 세상에 발을 딛고서 그것을 더 좋은 방향으로 변화시키려는 큰 서원誓願을 한 사람의 화광동진和光同塵하는 모습을 떠올리기 때문이다. 스스로는 화(분노)가 없는 사람이 세상을 위해서는 화를 낼 때가 있다. 화에 지배당하는 사람과는 차원이 다르다.

이 경지가 아직은 대단히 어려운 목표라고 말하는 사람들이 있지만, 진정으로 사람과 사회를 진보시키려는 운동이라면 증오와 분노로부터 해방된 운동을 목표로 잡아야 하지 않을까 싶다. 사람을 변화시킬 수 있는 것, 그래서 궁극적으로 사회를 변화시키는 것은 증오나 분노가 아니라 사랑이다.

●

2011년 노르웨이에서 상상할 수 없는 참극이 발생했다. 어느 미치광이가 쏜 총탄을 맞고 천진무구한 소년소녀들이 죽어 갔다. 이번 참극을 보면서 극단적인 감정을 느꼈다. 하나는 증오의 광기가 인간을 얼마나 사악하게 하고 또 얼마나 많은 사람들을 고통 속으로 몰아넣을 수 있는가에서 오는 슬픔이었다.

그동안 가장 '평화롭고 열린사회'로 평가받던 나라에서조차 증오심 앞에서는 안전하다고 할 수 없는 현실이 충격이었다. 〈뉴욕 타임스〉의 보도처럼 이슬람계에 대한 증오를 부추기는 유럽 우익 세력이 폭력적인 개인 테러리스트를 만들어내고 있었다.

근래 유럽의 여러 나라에서 극우 정당의 세력이 확장되고, 여러 정부가 다문화주의의 종식을 선언하는 것은 선진적이라고 생각되는 유럽에서조차도 아직은 불완전한 평화라는 것을 드러내 보인 것이다.

이러한 증오는 그것이 이슬람 원리주의든, 기독교 원리주의든, 광신적 민족주의든, 그 대상이 유대인이든, 아랍인이든, 서구인이든 본질적으로는 같다. 인간의 자기중심성은 경제가 침체되고 어려워지면 숨어있던 곳으로부터 나와 타자에 대한 노골적인 배척과 증오로 표출된다.

이와는 반대인 또 다른 하나는 노르웨이 시민이 보여준 인간에 대한 희망이다. 참극의 충격에서 빠져나오는 시민들의 의식 흐름이 그 비극적인 사건의 슬픔 못지않게 신선한 감동으로 다가왔다.

기사에 따르면 일부 시민들이 공포와 충격에서 벗어나기 위한 침묵 시위를 시작했는데, 그것은 테러범이 표출한 이민자들에게 광신적 적대감과 다른 문화권에 대한 증오심을 상대로 한 조용한 저항이었다. 이 운동은 '우리는 모두 형제자매다'라는 것을 몸으로 보여주는 의미로 묵묵히 촛불과 꽃다발을 든 행렬로 이루어졌다.

사건 후 추모식에서 "테러에 대한 우리의 대응은 더 많은 민주주의와 개방성, 인간애다"라고 강조한 총리의 말이나, 일반 시민들이 인터뷰에서 "톨레랑스와 자유의 정신을 잊지 말자"고 다짐하는 모습을 보면서 인간에 대한 깊은 신뢰와 감동을 맛볼 수 있었다.

참극 속에서도 분노와 증오에 매몰되지 않고 관용과 화해의 정신을 유지하는 것은 결코 쉬운 일이 아니다. 노르웨이 시민들은 그것을 보편적인 시민정신으로 보여주었다.

우리나라도 점차 다문화사회로 이동하고 있다. 다행히 우리나라의 경우 종교 간 평화 공존이 비교적 잘되어 있고, 아직은 다문화사회의 문화 충돌이 심각하지 않지만 유럽의 경우를 타산지석으로 삼을 필요가 있다.

자신을 수양하여 백성을 편안히 살게 한다

修己以安百姓

자로가 군자에 대하여 묻자 공자께서 말씀하셨다.

"마음을 공경히 하여 자신을 수양하는 것이다."

"그렇게만 하면 됩니까?"

"자신을 수양하여 남을 편안하게 해주는 것이다."

"그렇게만 하면 됩니까?"

"자신을 수양하여 백성을 편안케 하는 것이니, 자신을 수양하여 백성을 편안히 살도록 해주는 일은 요임금이나 순임금도 걱정하신 바다."

子路問君子 子曰, 修己以敬 曰, 如斯而已乎 曰, 修己以安人 曰, 如斯而已乎 曰, 修己以安百姓 修己以安百姓 堯舜其猶病諸

— 제14편 헌문 44장

공자가 당시 노자류의 사람들로부터 조롱에 가까운 비판을 받아가면서도 일관되게 견지하려고 했던 이상이 있었다. 자기 변혁과 세계 변혁을 일치시키려는 노력, 바로 수기이안백성修己

7장 사람들 속에서 사람과 함께 산다

以安百姓이다.

과거 질풍노도 같은 변혁의 시기에는 공자가 말한 수신제가 치국평천하의 이상에 대해 거부감이 있었다. 세상을 변혁해야 하는데 수신修身부터 하라니, 평생을 두고 해도 다 못할 수신에 매달린다면 언제 불의한 세상을 바꾸란 것인가. 심지어는 '지배계급의 음모'라는 반감이 들기도 했다.

그러나 한 세기에 걸친 변혁의 경험을 통해 이 말을 다시 생각해보니 역시 인간과 사회의 보편적 원리라는 생각이 든다. 물론 그것을 꼭 순차적으로 진행할 필요는 없다. 수신이 완성되고 제가를, 제가가 완성되고 치국을, 치국이 완성되고 평천하를 하라는 것은 아니다. 다만 자기변혁과 세계변혁이 함께 수반되어야 한다.

실제로 세상을 바꾼다고 새로운 제도를 만들기도 하지만 그런 제도를 운영할 사람이 준비되어 있지 않으면 결국 실패할 수밖에 없다. 하지만 이 실패를 인류 진보에 대한 좌절로 생각하는 대신 중요한 성찰의 계기로 보는 사람들에게는 '수신제가치국평천하'라는 말이 새롭게 다가올 것이다.

●

"내 몸을 닦은 후 다른 사람을 다스린다."

이 구절은 맹자가 말한 수기치인修己治人으로, 요즘 시대에도 빈번히 회자되고 있다. 그런데 유학 고전을 공부하는 사람들 가운데는 수기와 치인 중 어느 쪽에 좀 더 중점을 두어야 하는지를 놓고 논란을 벌이기도 한다. 과거에 퇴계는 수기를, 율곡은 치인 쪽을 더 강조했다는 해석이 있다.

예전 성현들이 강조점을 어디에 두었는지는 학문적으로 차이가 있을지 모르겠고, 현대인이 그것을 공부하는 것도 무의미한 일은 아니겠지만, 지금 시대에 이런 논의가 어떤 의미를 가져야 하는지, 그 변화된 토대를 먼저 생각해보았으면 한다.

맹자의 수기치인이란 말과 함께 공자의 수기안인修己安人이란 말을 접하면서 "이래서 공자가 뛰어난 분이구나!" 하는 감동을 느끼게 된다. 사람을 다스리는 것이 아니라 편안하게 하는 것, 시대를 뛰어넘는 혜안이 아닐 수 없다.

물론 공자 역시 맹자와 마찬가지로 백성을 통치의 대상으로 여기는 군주정치 이상의 정치적 상상력은 없었지만, 당시의 정치 사회 질서를 뛰어넘는 보편적 용어에 접하는 감동을 맛볼 수 있다.

오늘날 민주주의 사회에서 나라의 공직자는 공공의 서비스를 실행하는 사람이지, 국민 위에 군림하며 국민을 다스리는 사람이 아니다. 즉 지배자가 아니고 돕는 이다. 따라서 요즘 시대에서 수기치인은 적합한 말이 아니다. 다스리는 자와 다스림을 받는 자가 구분되던 과거의 수직적 사회에서는 수기치인이 지배자의 중요한 덕목일 수 있으나, 민주주의 시대에서는 그 말 자체가 용도폐기되는 것이 옳다. 이런 의미에서 현대사회는 수기치인이 아니라 수기안인의 시대라 하겠다.

결국 자기를 닦는 것과 다른 사람을 편안하게 하는 것이 하나로 연결되는 것이다. 자기를 닦는 것은 자기의 실상을 깨닫는 것이다. 요즘 흔히 듣는 말로 '참 나'를 깨닫는 것이다. '나'라고 하는 독립되고 고정된 실체가 있다는 환상에서 벗어나는 것이다. 우주와 자연 그리고 다른 사람과 더불어 이어져 있는

'나'를 깨닫는 것이다. 자기를 닦는 것은 아집으로부터 자유로워지는 것이다. 그렇게 되면 모든 존재를 있는 그대로 받아들이게 된다.

그러다 보면 저절로 다른 사람을 편하게 할 수 있다. 이 경지는 하나로 이어지는 세계라 하겠다. 나를 닦으면 자연스럽게 다른 사람을 편안하게 하고, 다른 사람을 편하게 하다 보면 자기가 닦이게 된다.

나와 다른 사람이 함께 편안한 삶, 그것이 오늘을 사는 우리가 원하는 세상이 아닐까.

오직 배워서 전할 뿐이다

述而不作

공자께서 말씀하셨다.

"뒤에 나는 사람들이 가외可畏로다. 훗날의 그들이 지금의 우리만 못할 줄 어찌 알겠는가. 사십, 오십이 되어도 그 이름이 알려지지 않는다하더라도 이 또한 두려워할 것이 못 된다."

子曰, 後生 可畏 焉知來者之不如今也 四十五十而無聞焉 斯亦不足畏也已

— 제9편 자한 22장

후생가외後生可畏는 흔히 '후배가 선배보다 성장할 가능성이 높기 때문에 나중에 두려운 존재가 될 수 있다'는 뜻으로 쓰인다. 공자가 말한 후생가외에서는 사람과 세상이 진보한다는 신념의 일단을 엿볼 수 있다. 또한 여기서 '외畏'를 그냥 '두렵다'고 번역하면 오해의 소지가 있다. 뒤에 오는 사람에 대해 두렵다고 하는 말은 흔히 말하는 두려움보다는 외경과 찬탄의 의미가 더 담겨있기 때문이다. 오는 것을 막는 심정으로 나타나는 두려움이 아니고, 어서 왔으면 좋겠다는 기대에 가득 찬 후생에 대한 반가움의 심정이 묻어난다.

한편《논어》7편에 보면 술이부작述而不作(기술할 뿐 창작하지 않음)과 신이호고信而好古(옛것을 믿고 좋아함)라는 공자의 말이 나온다.

"이것은 다 옛 사람들이 밝혀놓은 것일 뿐이고 나는 그것을 오직 배워서 전할 따름이다."

이 구절 속에 나타난 겸허한 태도는 뭔가를 조금만 생각해 내면 자신의 공이라고 생각하는 오늘날 풍조와는 그 바탕이 다르다. 공자는 이런 자세를 일관되게 견지함으로써 중국 사상을 크게 완성하면서 인류 사상의 보고寶庫에 큰 기여를 했다.

오늘날 새로운 것을 열어가려는 사람들에게 공자의 태도는 모범이 될 만하다. 요즘 흔히 말하는 세대교체에 대해서도 공자의 자세를 생각해보았으면 좋겠다. 앞 세대의 후생가외의 심정과 뒷세대의 술이부작의 심정이 서로 만난다면 얼마나 아름다운 세대교체가 이루어지겠는가.

선배가 후배에게 밀리는 것을 겁내고, 후배가 선배를 어떻게든 이기려고 하는 오늘날의 경쟁세태에 대해 한 번쯤 다시 생각해볼 일이다.

●

"아버지가 돌아가시고 3년 동안 아버지의 방법을 고치지 않아야 효라 할 수 있다."

이 구절은 공자 당시의 농경사회를 배경으로 한 말이니 현대사회에는 적합하지 않다고 생각할 수 있을 것이다. 그러나 공자의 말 속에 담겨있는 부자 간의 도리는 시대를 넘어 인간관계와 사회 조직에도 적용될 수 있다. 가령 어느 조직에서 전임자와 후임자 사이에 어떤 연계가 조직을 더 안정시키고 진보하게 할 수 있는가를 생각해보자. 물론 극단적 단절이 요구되는 경우야 다르겠지만, 어떤 집단에서든 전임자가 바뀌기를 기다렸다는 듯이 전임자의 방식을 바꾸며 전임자를 부정하는 경우가 많은데, 이것은 단순히 예의를 넘어서 집단의 발전에 문제를 일으킬 수 있다.

정치 부분도 마찬가지다. 마치 전임자를 부정하는 것이 새로운 정권의 정체성인 양 여기는 풍토가 지배하고 있다. 이러다 보면 지속성이 떨어져 경험이 축적되지 못하고, 결코 성숙한 정치, 성숙한 사회가 이루어질 수 없다. 예를 들면 햇볕 정책을 종북주의나 패배주의로만 볼 것이 아니라 장기적인 안목에서 고도의 북한 민주화 전략으로 볼 수 있는 안목이 필요하다.

북한 인민의 민주의식 성장을 가로막고 있는 것이 북한식 민족주의라고 할 수 있다. 물론 시대에 뒤떨어지는 것이지만 '자주'나 '강성대국'이 아직도 북한 인민의 마음을 움직이고 있는 게 사실이다. 그 배경에는 북한 지배층의 안보 불안과 미국에 대한 두려움이 깔려있다. 그런 까닭에 끊임없이 북한 인민들에게 외세의 침략 가능성을 주입하면서 정권을 유지하려는 전략을 펴는 것이다.

외부와의 모순이 크면 자기 안의 모순은 숨는 법이다. 만약 안보 불안과 같은 외부와의 모순을 해소해주면 북한 정권과 북한 인민 사이의 내부 모순이 자연스럽게 표면에 나타날 것이다.

현격한 국력의 차이와 한미동맹, 그리고 우리나라 국민의 의식 수준에 비추어보면 북한이 우리나라에 위협이 될 만한 수준은 아니다. 북한을 안보 불안에서 해방시키는 것이야말로 바로 북한 민주화를 촉진시키는 지름길이다.

위정자들이 이런 사실을 몰랐을 리도 없는데, 전 정권에 대한 부정을 자기 정권의 정체성으로 삼다 보니, 스스로 정책 선택의 폭을 좁혀 버리고 만 것이 아닌가 싶다.

지혜로운 사람은 인심이 후한 마을을 가려 산다

擇不處仁 焉得知

공자께서 말씀하셨다.

"인심이 두터운 마을이 좋으니, 그런 마을을 가려 살지 않는
다면 어찌 지혜로운 사람이라 할 수 있겠는가."

子曰, 里仁 爲美 擇不處仁 焉得知

— 제4편 이인 1장

인간은 사회적 동물이다. 제도와 문화는 달라졌지만, 마을의
인심이 후해야 사람의 마음이 아름다워진다는 말은 예나 지금
이나 다르지 않다.

과거 농경시대에는 마을이 자연적으로 형성되었다. 그러나
산업화와 도시화 같은 사회변동은 사람들의 삶의 모습을 급격
하게 변화시켰고, 마을의 모습도 크게 바꾸어놓았다. 농경시대
공동체는 거의 다 해체되었고, 자본주의의 물결이 속속들이 스
며들었다. 자본주의 시대 사람들은 인심과 풍속이 푸근한 마을
보다는 좀 더 큰 이익을 얻을 수 있는 곳, 예를 들면 취업하기
좋은 곳이나 자녀를 상급학교에 진학시키는 데 유리한 곳을 찾

아 이동한다.

오늘날 이농으로 텅 빈, 고령화된 농촌 마을과 급속하게 팽창한 대도시의 고층 아파트 단지를 떠올려보면 그간의 변화를 실감할 수 있다.

그러나 사람들은 이익만을 추구하는 이기적 문화 속에서는 결코 행복할 수 없다는 것을 체험적으로 알게 되었다. 자본주의 제도 속에서 경쟁이 더욱 치열해지고 각박해질수록 사람들은 점차 자신이 두고 온 인심이 인후한 마을을 그리워하게 된 것이다. 그래서 귀농과 같은 방법으로 다시 풍속이 어진 마을을 찾아나서는 사람들이 늘고 있다. 다시 말해 인위적으로 그런 마을을 만들어가는 것이다.

이런 노력이 계속되면 언젠가는 풍속이 어진 마을도 속속 나타나고, 자신의 삶과 자녀 양육을 위해 이제 새로운 의미에서 풍속이 어진 마을을 선택하게 될 것이다. 요즘 농촌에서 일어나는 마을 만들기나 도시의 마을 운동 등이 그런 방향으로 발전하고, 나아가 세계화의 추세 속에서 세계인들에게 우리나라가 하나의 단위로 풍속이 인후한 좋은 마을이 되기를 기대해본다.

●

《논어》이인 편 25장에서 공자는 "덕德은 외롭지 않다. 반드시 그 이웃이 있다"라고 했다. 덕은 마음을 잘 닦고 길러서 얻어지는 사람의 품성이라고 할 수 있다. 어떤 사람은 대단히 똑똑하지만 어딘가 모르게 차갑고, 어떤 사람은 빈틈이 있지만 왠지 모르게 따뜻한 사람도 있다. 이러한 특성은 타고난 성품도 있겠지만 마음을 잘 닦아 다른 사람을 잘 받아들이게 되었기 때문이다.

스스로 덕이 있는 사람인가 알아보려면 '내 마음 안에 얼마나 많은 사람이 들어와 있는가'를 자문해보면 된다. 덕이 있는 사람은 이미 자기 안에 수많은 사람이 들어와 있다. 그처럼 많은 이웃이 있기에 결코 외롭지 않을 수 있는 것이다. 이러한 덕성은 홀로 수행을 통해 길러지는 측면도 있지만, 보통은 올바른 사회관계와 사회적 실천 속에서 이루어진다. 그래서 공자는 "덕은 고립된 상태에서 존재할 수 없고, 반드시 사람들과의 관계 속에서 성립한다"고 했다.

덕은 개인의 수양과 사회적 실천이 조화를 이룰 때 자연스럽게 따라오는 것이다. 즉 자신의 에고를 잘 살펴보고 그것으로부터 자유로워지기 위해 부단히 수양할 때, 그리고 다른 사람을 있는 그대로 받아들이고, 나아가 다른 사람과 협력하고 상생하는 사회적 실천 속에서 쌓여가는 것이다.

사람은 사회적 존재이기 때문에 이웃과 더불어 살 때 행복할 수 있다. 요즘처럼 개인주의 풍조가 심각한 사회에서 "덕불고 필유린德不孤 必有隣"이란 말보다 인간의 행복을 잘 표현하는 말도 없을 듯하다.

또한 "빈 골짜기에 바람이 모인다"는 말처럼 겸양이야말로 최고의 덕이라 할 수 있다. 진정한 리더십은 바로 이런 덕이 바탕이 될 때 가능하다. 자로 편 16장에 보면 정치를 묻는 질문에 공자가 "가까이 있는 사람들이 기뻐하고, 멀리 있는 사람들이 오게 하는 것이다"라고 대답하는 구절이 있다. 이 말은 덕과 관련하여 깊이 음미해볼 만하다.

먼저 가까이 있는 사람들과 사이가 좋아야 하고, 그 소식을 듣고 멀리 있는 사람들이 다가오는 것이 순리라고 말하고 있다.

인간의 실태를 꿰뚫는 말이다. 장차 인후한 마을을 만들어 가는 데도 이 말을 가장 중요한 원리로 삼았으면 한다. 먼저 부부가 다정하고, 그런 다음에는 이웃끼리 사이좋으며, 그 관계가 점점 넓어지다 보면 마을과 사회, 국가가 평화로워지지 않겠는가.

정치를 묻는 질문에 공자는 정치는 생활이고, 그 안에서 확장되는 것이라고 했다. 좋은 정치란 결국 사람과 사람 사이를 원만하게 하여 모두의 자유를 넓히는 세계라 하겠다. 사실 가까이 있는 사람을 기쁘게 하기란 쉬운 일이 아니다. 가까운 사람일수록 서로의 아집을 내세우기 쉬우며 또 서로를 스스럼없이 대하다 보면 예의를 잊게 된다. 그리고 가까이 있을수록 그 사람의 가치를 잊어버릴 때가 많다. 오죽하면 '멀리서 봐야 도인道人'이라는 말이 있겠는가.

멀리서 보고 좋아서 가까이 갔더니 "차라리 멀리 있을걸" 하고 후회하는 것처럼 정말로 가까운 사람끼리 서로 기뻐하는 관계가 될 때 진실로 기쁜 것이다.

함께 뜻을 세워 실천하다

與共學, 與適道, 與立, 與權

공자께서 말씀하셨다.

"같이 배울 수는 있어도 같이 도道에 나아가기는 어렵고, 같이 도에 나아갈 수는 있어도 같이 서기는 어려우며, 같이 서더라도 같이 일을 옳게 하기는 어렵다."

子曰, 可與共學 未可與適道 可與適道 未可與立 可與立 未可與權

— 제9편 자한 29장

이 구절을 읽다 보면 공자가 사람의 마음, 세상사의 이루어짐에 대해 얼마나 날카롭게 꿰뚫어보고 있는지 새삼 놀라게 된다. 실제로 우리가 어떤 일을 다른 사람과 같이 하다 보면 경험하는 세계가 아닌가. 다만 내 경우 미가未可를 불가不可와 다르게 보고 싶다. 아직 안 되는 것은 되는 방향으로, 나아가는 도중이라고 믿는 것이다.

인간의 마음이 얼마나 자유로운가는 다른 사람들과의 관계에서 적나라하게 드러난다. 그래서 권權을 함께할 수 있는 단계가 가장 높은 수준의 자유다.

이때 권을 어떻게 해석할 것인가에 대해 의견이 분분하다. 저울추라는 뜻으로 해석해서 사물의 경중 등에 대한 판단 기준이 다르기 때문에 뜻이 일치하기 힘들다는 의미로 볼 수도 있다. 하지만 권력이나 헤게모니의 뜻으로 읽어도 크게 어긋나지는 않는다.

미가未可는 지금의 실태이지만 거기에 머물러서는 결코 자유로운 인간, 자유로운 사회가 될 수 없다. 우리가 함께 다음 4단계를 거치면서 성장하고 발전해나갈 필요가 있다.

첫 단계는 함께 공부하는 것與共學이다. 즉 무엇이 진리인가를 탐구하는 것이다.

두 번째 단계는 함께 도에 나아가는 것與適道이다. 즉 올바른 가치를 지향하는 것이다.

세 번째 단계는 함께 구체적 실천의 장場에 서는 것與立이다. 즉 그 가치를 실천하는 것이다.

그리고 네 번째 단계는 함께 연찬할 수 있게 되는 것與權이다. 즉 서로의 판단 기준이 다름을 인정하고 각자의 뜻을 존중하되 실행은 공의에 따르는 것이다.

이와 같은 전 과정을 통해 모두의 아집이 점점 사라져 권력이나 헤게모니 다툼이 없길 때 비로소 함께 일을 옳게 한다고 할 수 있다.

●

의기투합하는 것도 쉽지 않지만 함께 일을 도모하기로 한 사람들이 끝까지 여권與權하기란 더욱 어렵다. 사업이나 공동체

운동에도 이런 현상이 빈번하게 나타나고, 정치운동이나 혁명운동 같은 데서도 자주 경험할 수 있다.

"권력은 함께 추구할 수는 있어도 나눠 가질 수는 없다."

이 문장이 이런 실태를 잘 대변해주고 있다. 정치는 그렇다 치더라도 고상한 목표를 함께하는 사람들 사이에서도 이런 현상이 빚어지는 것을 볼 때면 안타깝다. 그렇다고 해서 어쩔 수 없는 인간의 한계라고 치부하고 포기해서는 안 된다. 이럴 때일수록 한 발짝 앞으로 나아가려는 노력이 필요하고, 나아간 만큼 세상은 달라진다.

함께 자유로워지고 행복해지려면 상호간에 소통할 수 있는 방법을 모색해야 한다. 명칭이야 무엇이든 상관없다. 핵심은 그것이 사업이든 공동체든 국가를 경영하는 일이든, 함께하는 사람들의 아집이 점점 사라져서 공의에 따르는 실행이 자연스러운 상태가 되도록 노력하는 것이다.

"군자는 학문으로써 벗과 만나고, 벗과 함께함으로써 인을 향상한다."

안연 편 24장에서 증자가 한 말이다. 요즘 말로 하면 뜻이나 사상으로 벗을 사귀고以文會友, 그 벗과 함께 진실한 사회적 실천以友輔仁을 한다면 그것이 서로의 덕, 서로의 생명력을 신장시킨다는 의미다.

야마기시즘을 이끈 일본의 야마기시 선생은 패전 후 한창 일본이 어려울 때 다음과 같이 호언장담했다.

"완전한 멤버 열 명만 있으면 일본을 변하게 할 수 있다."

열 명으로는 힘들 것 같지만, 1만 명쯤 있으면 한 나라를 변하게 할 수 있지 않을까 하는 것이 요즘 드는 생각이다.

아집이 없는 사람 1만 명만 있다면 그리고 그 사람들이 힘을 모을 수만 있다면 세상은 일변—變할 수 있다. 거창하고 요원한 이야기 같지만, 제대로 된 만남과 그것이 진실한 실천으로 이어질 수 있다면 불가능한 꿈만은 아닐 것이다.

8

먼저 먹이고 다음에 가르친다

먼저 먹이고 다음에 가르친다

旣富之敎之

공자께서 위나라에 가실 때 염유가 수레를 몰고 따르니,

공자께서 말씀하셨다.

"백성들이 참 많구나."

염유가 말씀드렸다.

"백성이 많아진 다음에는 무엇을 해야 합니까?"

공자께서 말씀하셨다.

"부유하게 해주어야 한다."

염유가 다시 여쭈었다.

"부유해지면 다음에는 무엇을 해야 합니까?"

공자께서 말씀하셨다.

"가르쳐야 한다."

子適衛 冉有僕 子曰, 庶矣哉 冉有曰, 旣庶矣 又何加焉 曰, 富
之 曰, 旣富矣 又何加焉 曰, 敎之

— 제13편 자로 9장

물질적 조건과 정신적 조건, 두 가지가 어느 한쪽에 치우치지

않고 조화를 이루는 것이 이상적이다. 특별한 사람들의 사례를 들어 사람들에게 물질적인 측면 또는 정신적 측면 한 가지만을 강조하는 것은 보통 사람들에게는 무리가 따른다.

공자는 이것을 명쾌하게 짚어주었다.

"백성이 많으면 무엇을 더 해야 합니까?"라는 질문에 "부유하게 해주어야 한다"라고 대답하고, 그 다음으로는 "백성을 가르치는 일이다教之"라고 했다. 요즘 말로 하면 우선 물질적 조건을 충족시키는 것이 우선이고, 그 다음이 정신적 성장을 이루는 것이라고 말한 것이다. 물론 순서가 반드시 고정불변은 아니겠지만 공자의 이 말은 사람들의 실정을 깊이 통찰한 데서 나온 것이다.

"가난하면서 원망하지 않기는 어렵고, 부유하면서 교만하지 않기는 쉽다"라고 한 공자의 말도 물질과 정신의 관계를 잘 표현하고 있다.

생존에 필요한 기본 수요를 충족하지 못한 사람에게 정신적인 행복은 배부른 소리로 들린다. 따라서 물질적 조건을 충족시키는 것은 정신적 성숙을 위한 필요조건이 된다. 개인, 가정, 국가 모두 마찬가지다. 그러나 물질적 조건이 충족됐다고 해서 모두가 다 정신적으로 행복해지는 것은 아니다. 물질만 풍족해지면 행복한 사람은 이미 정신적으로 충족된 사람이다. 그러나 대체로는 그렇지 못하기 때문에 후천적 노력이 필요하다.

"부유하게 된 다음에는 무엇을 더 해야 합니까?"라는 물음에 공자가 "가르쳐야 한다"라고 답변한 것은 이런 의미라 할 수 있다.

무엇을 가르치는가에 대해서는 시대나 사회에 따라 조금은 달라질 수 있지만, 결국은 인간의 정신을 풍요롭게 하는 것을 의미한다.

●

계씨 편 1장에서 공자가 제자 염유에게 다음과 같이 말하는 장면이 나온다.

"적은 것을 걱정하지 아니하고 고르지 못한 것을 걱정하며, 가난한 것을 걱정하지 아니하고 편안하지 못한 것을 걱정한다."

이 구절은 요즘에도 많이 회자되는 말이다. 이어서 공자는 다음과 같이 말했다.

"고르면 가난하지 않고, 평화로우면 백성이 늘며, 안정되면 극단에 기울어지지 않는다."

역시 고금을 통한 진리가 아닐까 싶다. 다만 평등과 자유, 특히 오늘날 최대 과제인 성장과 분배의 문제는 역사적 경험을 토대로 지나친 이상주의나 천박한 현실주의에 빠지지 않으면서도 인간의 이상을 놓치지 않는 것이 요체라 할 수 있다. 평등지상주의가 기계적인 획일적 평등으로 흘러 진정한 평등의 바탕을 허무는 것이나, 자유지상주의가 극심한 양극화를 낳아 진정한 자유의 바탕을 허무는 것은 둘 다 극단이다.

이처럼 극단으로 흐르기 쉬운 생각을 마치 대단한 이데올로기인 양 "중도는 없다" "회색은 악이다" 등 빈곤한 상상력과 천박한 욕망을 부끄러움 없이 드러낸 시대는 저물고 있지만, 아직도 일부 잔재가 남아있어 안타깝다.

"가난을 걱정하지 않고 편안하지 못함을 걱정한다."

이 말도 공자의 현실주의적 태도에서 볼 때 물질을 경시하고 정신주의에 몰입하는 극단과는 다르다. 실제로 공자는 물질적 풍요로움의 중요성을 언급하고 있다. 다만 그 가치의 경중이 분명할 뿐이다. 물질적 풍요로움은 인간의 행복을 위한 필요조건이지만, 그보다 근본적인 것은 정신적 풍요, 즉 안락安樂이다.

안락은 물질생활을 결코 경시하지 않되 물질주의에 빠지지 않는 데서 출발한다. 요즘처럼 어느 정도 물질적 풍요를 경험한 사회에서 단순 소박한 삶, 소유가 아닌 존재적 삶을 지향하는 흐름의 폭이 넓어지는 것이야말로 공자 이래 인간의 이상이 보편화되어가는 과정이라 하겠다.

정당하지 않은 부귀는 누리지 말라

富與貴 不以其道 得之 不處也

공자께서 말씀하셨다.

"부귀는 누구나 바라는 것이지만 정당하게 얻은 것이 아니라면 누리지 말아야 한다. 빈천은 누구나 싫어하는 것이지만 정당하게 돌아온 것이 아니라도 피하지 말아야 한다. 군자가 인仁을 버리고 어찌 군자란 이름을 지킬 수 있겠는가. 군자는 밥먹는 동안이라도 인을 어김이 없어야 하니, 아무리 황급한 때에도 인을 떠나지 말아야 하며, 아무리 위급한 때에도 반드시 이를 지켜야 한다."

子曰, 富與貴 是人之所欲也 不以其道 得之 不處也 貧與賤 是人之所惡也 不以其道 得之 不去也 君子去仁 惡乎成名 君子無終食之間違仁 造次 必於是 顚沛 必於是

— 제4편 이인 5장

부귀를 좋아하고 빈천을 싫어하는 것은 인지상정이다. 따라서 일부러 부귀를 멀리하고 빈천을 선택하는 것은 행복을 추구하는 보통의 인간에게 강요할 수는 없다.

그러나 인간에게는 부귀보다도 더 중요한 행복의 조건이 있다. 그것은 과정의 정당성이다. 그것을 공자는 도道라고 표현하였다. 정당하게 얻은 부귀가 아니면 행복의 조건이 아니라 오히려 불행의 원인이 된다.

도는 개개인의 덕목일 뿐 아니라 사회의 덕목이기도 하다. 불의한 사회일수록 과정의 정당성이 행복의 가장 중요한 조건이라는 사실을 많은 사람들이 간과한다. 그러나 조금 긴 안목으로 보면 구체적인 삶 속에서 반드시 증명된다. 항구적이고 흔들리지 않는 행복은 개인과 사회가 도에 부합할 때 가능한 것이다. 이것을 아는 사람이 지자知者이고, 이러한 삶을 사는 사람이 인자仁者다.

보통 사람들이 궁극적으로 바라는 것은 부귀하게 되는 것이다. 이러한 목표를 향해 꾸준히 나아온 것이 인간의 역사다. 자본주의나 사회주의의 실험, 오늘날의 시장경제와 같은 제도도 이러한 역사의 과정에서 나타났고, 또 앞으로도 끊임없이 그런 방향으로 변화해갈 것이다.

그렇다면 '빈과 천이 정당하게 얻은 것이 아니라도 피하지 말아야 한다'는 것은 어떤 의미일까? 여러 가지 해석이 가능하겠지만 단순히 운명이나 팔자로 알고 체념하며 받아들이라는 말은 아닐 것이다. 빈과 천에서 벗어나 행복을 추구하는 과정에서 잘못을 범하는 것을 경계하는 말이 아닐까 싶다.

착하게 살아도 가난을 면할 수 없는 사람들에게 이 장은 가혹하다고 생각될 수 있다. 심하게 말하면 가난이 사회적 모순 때문일 경우에도 그것을 감내하라는 말처럼 들리기도 한다. 그러나 이에 대해 다른 방식으로 해석할 수 있다. 즉 빈천에서 벗어나려는 노력은 당연하지만 그 방법이 도에 어긋나지 않아야 한다는 것이다.

만약 어떤 사람이 자포자기한 나머지 체념적 삶을 살거나 자주적 인간으로서 긍지를 잃어버리는 것보다는 빈천한 현실을 그대로 받아들이면서도 당당한 인간으로서 존엄을 잃지 않는다면 훌륭하다고 하겠다. 또 빈천에서 벗어나려는 욕망이 아무리 절박하다 해도 범죄나 비리를 저지르려는 유혹에 지고 만다면 결국 행복과는 거리가 멀어지고 만다. 뿐만 아니라 사회적 모순을 해결하는 과정도 이치에 어긋나거나 폭력을 수반하거나 밥그릇을 서로 빼앗는 진흙탕 싸움이 되고 만다면 그것 역시 진정한 행복으로 가는 길이 될 수는 없다.

인을 가장 중요한 덕목으로 삼는 것은 어렵지 않다. 또 인의 실현을 인생의 목표로 삼는 것도 그렇게 어려운 일이 아닐지 모른다. 그러나 밥 먹는 동안이라도 인을 어기지 않는 것은 어려운 일이다. 이것이 진짜다. 추상적인 목표나 관념에 머무르지 않고 삶 속에 녹아드는 것이 진짜인 것이다. 그렇게 될 때라야 비로소 큰 어려움이나 위급한 상황에 처할 때라도 인을 실천할 수 있다.

●

신문을 읽다가 "시간제 노동자가 40퍼센트, 그래도 차별은 없다"는 제목의 기사를 보았다. 전체 임금 노동자의 40퍼센트가 주 30시간 이하로 일하는 시간제 노동자라는 네덜란드의 사례를 소개한 기사였다. 그것도 비정규직 아르바이트가 아니고, 시간당 임금과 상여금, 휴가, 복지 등 모든 대우가 전일제 근무자와 같은 정규직이라는 것이다.

이와 같은 시스템이 보편화될 수 있었던 것은 경제위기를 맞아 네덜란드의 노사정이 위기 극복의 전략으로 체결한 바세나르 협약이 계기가 되었다고 한다. 이른바 일자리 나누기를 한 대타협의 결과, 네덜란드는 실업률도 떨어지고, 기업 경쟁력도 높아지며, 고숙련·고학력 주부들의 재취업이 늘어나고, 고용 확대로 가계 수입이 늘면서 소비가 증가되고 성장률이 높아지는 선순환이 이루어졌다는 것이다.

이러한 방법을 우리나라의 심각한 비정규직 문제를 푸는 해법으로 떠올리곤 했는데, 네덜란드에서는 이미 시행하고 있었던 것이다. 노사정이 이런 합의를 할 수 있는 나라야말로 진정한 의미에서 선진국이 아닐까 싶다. 이러한 방향이 단지 경제위기나 실업 문제, 비정규직 문제를 해결하는 데 효과적이기 때문에 지지하는 것만은 아니다. 장기적인 안목에서 보면 앞으로 우리나라 경제가 선진화될수록 나아가야 할 방향과 일치하기 때문이다.

앞으로 과학기술이 발전하다 보면 점점 더 총 노동시간이 단축될 것이다. 인류의 총 수요를 넘어서는 총 공급이 소수의 노동에 의해서 가능한 시대에 우리는 어떻게 사이좋게 살아갈 수 있을까?

지금의 소유 관념이나 제도, 노사관계로는 도저히 해결할 수 없을 것이다. 결국 제도와 관념이 근본적으로 바뀔 수밖에 없겠지만, 그 전환의 단초는 노동 단축형 일자리 나누기가 될 것이다.

아마도 평균 노동시간이 주 20시간 이하가 될 날이 결코 먼

미래가 아닐지 모른다. 그런 세상에서는 하루 4시간은 생계를 위한 노동, 4시간은 자신을 위한 노력, 4시간은 다른 사람이나 사회를 위한 봉사가 보통 사람들의 일과가 될 것이다.

지금의 우리나라 형편에서 보면 꿈같은 이야기라고 웃어넘기겠지만, 인류가 멸망하지 않는다면 언젠가 도래할 시대의 흐름이다.

이익에 따라 행동하면 원망이 따른다

放於利而行 多怨

공자께서 말씀하셨다.

"이익에 따라 행동하면 원망이 많다."

子曰, 放於利而行 多怨.

— 제4편 이인 12장

"공자께서 말씀하셨다.

"군자는 의義에 밝고, 소인은 리利에 밝다."

子曰, 君子 喩於義 小人 喩於利

— 제4편 이인 16장

이익에 따라 행동하는 것이 인간의 본성이라는 주장도 있다. 실제로 인간도 생명체 일반이 갖는 자기중심성을 갖고 있기 때문에 우선 자신의 생존을 확보하려고 하는 것은 어찌 보면 당연한 일이다. 그러나 이런 자기중심성을 갖는 사람들이 모여서 사회를 이룰 때, 이익끼리 충돌하면 결코 행복한 사회를 이룰 수 없다. 약육강식·적자생존의 대립과 쟁탈의 사회 속에서는 누구도 진정한 자유와 행복을 누릴 수 없기 때문이다.

이런 사실을 자각하고 자유와 행복을 증진시키기 위해 노력해온 과정이 인류의 역사다. 우선 자신의 이익을 추구하더라도 다른 사람의 이익을 침범하지 않도록 제도와 규범을 발전시켜왔다. 또 생산력에 힘써 부족한 물자를 둘러싸고 쟁탈이 일어날 소지를 줄여왔다.

그런데 가장 중요한 것은 사람의 마음이 진화하는 것이다. 즉 동물계 일반의 자기중심성을 넘어서는 것인데, 이것이야말로 진정한 진화라고 할 수 있다. 사회제도가 진보하고 물질이 풍부해졌지만 이익을 넘어서는 마음의 세계에서는 과거에 비해 그다지 나아지지 않은 오늘의 현실을 보며, 공자의 말은 훨씬 현실적으로 다가온다.

공자는 이 문제에 있어 아주 실제적으로 접근하고 있다. 이익에 따른 행동의 불이익을 지적함으로써 이익을 넘어서는 것이 궁극적으로 이익이 된다고 말하고 있는 것이다.

"이익에 따라 행동하면 원망이 많다."

다른 사람이나 집단의 원망을 받게 되면 결국 자신에게 불이익으로 돌아오는 것이 세상의 이치다. 다른 사람들의 원망 속에서는 진정한 자유나 행복을 누릴 수 없다. 군자와 소인을 구별해서 말한 것도 이런 점에서 인간이 진화해야 할 방향을 이야기하고 있다.

●

자본주의는 이익을 추구하는 것을 일차적 동기로 하여 성립

하고 발전하는 사회이다. 그렇다면 혹시 여기서 말하는 소인小
人들의 세계를 의미할까. 그렇게만 생각할 수는 없을 것 같다.

　자본주의가 만일 이익 추구만을 목표로 이루어져 왔다면 벌
써 망했을 것이다. 단점보다는 장점이 많기 때문에 지금 전 세
계의 보편적 시스템으로 받아들여지고 있는 것이다. 예를 들면
서로의 이익이 충돌할 때 그것을 합리적으로 조절하는 시스템
이나 약자의 이익을 위한 법적·제도적 노력이 상당히 진척되어
온 것도 자본주의의 장점이다.

　그러나 비록 이기적인 모습으로 나타나긴 하지만, 이기적이
라고 비난할 수만은 없는 측면이 있다. 자신의 에너지를 오롯이
자신을 위해 쓰고 싶어 하는 (다른 사람이나 집단에 빼앗기거나 간
섭받지 않으려는) 사람들의 욕구가 지금의 제도와 부합하는 측
면이 있기 때문이다.

　요즘 비정규직 문제를 비롯한 양극화 문제가 더욱 심화되었
다. 양극화 현상이 심각해지고 빈곤층이 늘어나면 국내 수요가
줄어들고 사회가 불안해진다. 그런 상황에서는 자기만의 행복
이나 자기 집단만의 이익이란 있을 수 없다. 이와 관련해 다음
과 같은 말이 있다.

　"약자의 이익이 곧 정의다."

　지금까지 이런 바탕에서 사회적 진보가 이루어져 온 측면이
있는 것도 사실이다. 그러나 약자의 이익이 정말로 의義가 되려
면 그것이 사회제도와 의식의 수준을 근본적으로 변혁하려는
과정으로 이어져야 한다. 그렇지 않는 한 결국 끝없는 이익투쟁
의 굴레에서 벗어날 수 없다.

　이제 지금까지의 사회변혁운동을 통해 이런 점을 깊게 성찰

해야 할 시점에 도달하였다. 현실적인 인간이나 사회의 실태를 보면 의義만 추구하는 사람(집단)이나 이利만 추구하는 사람은 거의 없다. 한 사람 안에도 군자와 소인이 함께 존재하는 것처럼 개인이든 사회든 의와 이가 공존하는 것이다. 오늘날 실태에서는 의에 가깝게 중심을 잡아가는 것이 현실적 목표가 아닐까 한다.

곤궁한 사람은 돕되 넉넉한 사람은 보태주지 말라

百姓不足 君孰與足

자화가 제나라에 심부름을 가게 되어, 염자가 자화의 어머니를 위해 곡식을 보내줄 것을 청하자 공자께서 말씀하셨다.

"엿 말 넉 되를 보내주어라."

염자가 더 주기를 청하자 공자께서 말씀하셨다.

"그러면 열여섯 말을 보내주어라."

이때 염자가 여든 섬을 주니, 공자께서 말씀하셨다.

"적赤(자화)이 제나라로 떠날 때 살찐 말을 타고 가벼운 털가죽 옷을 입고 있었으니, 내 듣건대 '군자는 곤궁한 사람을 돕고, 넉넉한 이에게 보태주지는 않는다' 하더라."

원사原思가 고을관장이 되자 그에게 곡식 9백 섬을 주시거늘 원사가 사양하자 공자께서 말씀하셨다.

"사양하지 말라. 남거든 네 이웃과 마을에 나누어주어라."

子華使於齊 冉子爲其母請粟 子曰, 與之釜 請益 與之庾 裘子與之粟五秉 子曰, 赤之適齊也 乘肥馬 衣輕裘 吾聞之也 君子周急. 不繼富 原思爲之宰 與之粟九百 辭 子曰, 毋 以與爾里鄕黨乎

이 대화를 통해 당시 사회제도 속에서 공자가 추구한 경제적 정의를 짐작할 수 있다.

공자 이후 수많은 제도를 경험해오면서, 특히 지난 세기에는 이 문제를 해결하기 위한 세계적 범위에서 여러 실험들이 있었다. 하지만 여전히 불평등의 문제를 해결하지 못하고 있다. 아니, 오히려 불평등과 양극화가 심화되었다.

오늘날 사람들의 일반적 의식에 그나마 가장 부합하는 것이 시장경제라 할 수 있다. 이런 자본주의제도를 통해 인류는 1970년대 후반에 총량 면에서 수요를 초과하는 공급이라는 획기적 생산력의 발전을 이루었지만, 생태계의 파괴와 함께 심각한 양극화라는 현상에 가려서 인류 진보를 위한 중요한 고지에 오른 성과가 그 빛을 잃고 있는 실정이다.

이제 인류의 지혜가 풍부해진 생산력을 막힘없이 흐르도록 하는 데 모아야 할 때다. 만일 공자가 이 시대를 산다면 부富의 세습, 가난의 대물림, 양극화 같은 현상에 대해 어떤 처방을 내놓을지 자못 궁금하다.

●

안연 편에 보면 애공과 유약의 대화가 나온다.

애공이 유약에게 물었다.

"흉년이 들어 나라의 비용이 부족하니 어떻게 하면 좋겠소?"

유약이 대답했다.

"어찌하여 십분의 일 조세를 쓰지 않으십니까?"

"십분의 이를 징수해도 부족하거늘 십분의 일로 어찌하리오?"

"백성이 넉넉하다면 임금이 누구와 더불어 부족할 것이며, 백성이 부족하면 임금이 누구와 더불어 넉넉할 수 있으리까?"

그 당시로 보면 대단한 민본사상이다.

오늘날 조세제도의 운영원리를 여러 측면에서 되돌아보게 하는 말이다. 큰 정부와 작은 정부에 대한 논쟁도 끊임없이 진행되고 있지만, 여기서는 과도한 조세의 폐단을 지적하고 있다. 당시와 같은 봉건군주제에서 본다면 민본주의 사상과 함께 경제의 원리에 대한 높은 통찰력을 보인 것이다.

철법은 주나라의 조세제도인 정전법을 말하는 것으로 수확의 십분의 일을 거두는 것이 원칙이었으나 노나라에서는 선공宣公 때부터 그것만 가지고는 부족하다 하여 십분의 이를 거두어들였다.

그런데 흉년이 들어 나라의 비용이 부족한데 어찌할 것인가 하는 물음에 세금을 줄이라고 대답한 것이다. 당시로서는 백성이 임금의 근본이라는 생각만 해도 대단한 것이다. 국가가 있고, 정부가 있는 한 조세는 국가와 국민 간에 피할 수 없는 숙제가 아닐까 한다.

지금도 작은 정부, 큰 정부에 대한 논의는 끊임없이 반복되고 있다. 큰 정부를 추구하다 보면 세금을 많이 거두어들여야 하니 생산성이 저하되고, 작은 정부를 지향하다 보면 복지 정책의 후퇴나 양극화의 심화라는 문제를 낳게 된다. 결국은 어떤 균형점을 찾게 되겠지만, 그 이전에 전적으로 국가의 조세를 통해 자본주의의 모순을 해결하려는 생각에서 앞으로 나아가야 한다.

국가 권력에 의한 조세권의 행사로 모든 문제를 해결하려는 것은 인간의 진정한 진보에도 도움이 되지 못한다. 이제는 마음의 경제가 점점 중요한 때가 되었다.

분배라고 하면 시장의 투쟁이 생각나고, 재분배라면 국가의 강제력이 생각나서 둘 다 인간의 아름다운 마음을 이끌어내지는 못한다. 이때는 우선 가진 자의 아름다운 마음을 이끌어내는 것이 중요하다. 요즘 나눔과 기부 운동이 다양한 형태로 일어나고 있는데, 이것이 마음의 경제다.

유약과 애공의 대화를 듣다 보면 오늘날 우리의 시장경제를 돌아보게 된다. 부를 독점하면 결국 대중이 가난해지고, 그 결과 시장이 제대로 돌아가지 않아 부메랑처럼 가난으로 돌아올 텐데, 그래도 탐욕의 어리석음을 계속할 것인가?

세금을 받아 그것을 집행하는 정부기관의 공무원이나 그 혜택을 보는 사람들은 가능한 한 절약하고 알뜰히 쓰는 것이 또한 마음의 경제다.

작은 정부나 큰 정부 정책이 한동안 영향을 주겠지만 앞으로는 마음의 경제가 점점 더 큰 영역으로 자리 잡아 자본주의의 모순을 넘어 새로운 세상을 바라보는 큰 흐름을 이루게 되기를 바란다.

세상에 부는 가졌으되 아름다운 부자는 드물다

富有 苟美矣

공자께서 위나라의 공자公子 형荊을 평가하여 말씀하셨다.

"그는 집안을 잘 다스렸다. 처음에 재물이 좀 있을 때는 '진실
로 쓸 만큼 모였다' 하고, 재산이 좀 더 늘자 '진실로 다 갖추
어졌다'고 하며, 부유해지자 '진실로 아름답게 되었다'고 말하
였다."

子謂衛公子荊 善居室 始有 曰, 苟合矣 小有 曰, 苟完矣 富有
曰, 苟美矣

— 제13편 자로 8장

인간의 물욕物慾은 끝이 없는가? 물질이 부족한 사람이 물욕
을 갖는 것은 생존의 욕구로부터 나오지만, 많이 가진 사람도
물욕에서 쉽게 헤어나지 못하는 걸 보면 어쩔 수 없는 인간의
속성이 아닌가 하는 생각도 든다.

오랜 세월 부족한 재화를 둘러싼 대립, 경쟁, 투쟁을 통해 유
전인자 속에 각인된 물욕은 마치 사람의 타고난 속성처럼 보일
정도로 견고해졌다. 물론 물질적 궁핍으로부터 벗어나려는 것

은 행복을 추구하는 인간에게는 당연한 욕구다. 그런데 물질적 궁핍에서 벗어났는데도 물욕이 완고한 관념이 되면 그 욕망은 끝없는 굴레가 된다.

그래서 사람은 다음의 두 가지 굴레에서 함께 벗어날 때 진정한 자유와 행복을 누리게 된다. 하나는 생존에 필요한 물질을 충분히 생산하고 공급하는 것이고, 또 하나는 물욕이라는 강박증에서 벗어날 수 있는 정신적 성숙을 이루는 것이다.

공자가 위나라의 형荊이라는 인물을 찬탄한 내용을 보면 예나 지금이나 이상으로 그리는 부자의 상은 크게 다르지 않다는 사실을 알 수 있다. 아무리 재산을 모아도 결핍을 느끼는 사람과 조금만 생겨도 자족할 줄 아는 사람 중에 누가 더 행복해지기 쉽겠는가.

"시유始有에 합合하고 소유少有에 완完하고 부유富有에 미美하다"는 표현이 절묘하다. 이 세상에 부는 가졌으되 아름다운 부자는 드문 까닭이다.

●

"필요한 물자를 둘러싸고 서로 다툴 필요가 없을 만큼 물질이 풍부해진다면 약육강식 대신에 평화롭게 공존하는 인간계의 질서가 가능할 것이다."

이것은 인류의 오래된 꿈이었다. 그리고 이 꿈은 과학기술의 발달에 따른 생산력과 이윤 동기에 바탕을 둔 자유시장경제에 의해 1970년대 후반 전 세계 인구 범위의 총량 면에서는 달성되었다. 전 인류가 먹고 살 수 있을 만한 공급량이 확보되었다는 뜻이다.

그러나 이러한 인류사적 변화가 별달리 주목을 받지 못하고, 심지어 진보의 낙관적 전망도 되지 못하고 있다. 왜냐하면 이 과정에서 나타난 폐단이 너무 크기 때문이다. 단적으로 인간 중심의 생산력이 생태계를 파괴하고 지구환경을 악화시켜 오늘날 인류의 존속마저 위협할 뿐만 아니라, 극심한 불평등과 양극화가 심화된 현실 탓이다. 한쪽에서는 음식쓰레기가 넘치는 반면, 한쪽에서는 인구의 상다수가 기아에 허덕이고 있다.

그렇다면 이런 폐단을 극복하고 물질에 대한 인간의 수요를 만족시키기 위해서는 어떻게 해야 할까? 혹시 이기심을 동기로 하는 시장 대신에 국가와 같은 공적 기관이 생산의 주체가 되면 이 문제를 해결할 수 있지 않을까. 그러나 이와 같은 생각은 생산력의 낙후성 때문에 실패했다. 20세기 후반 사회주의의 붕괴가 이것을 단적으로 보여주고 있다.

이제 대안은 재화의 생산과 분배, 소비는 시장에 맡기되 그 결함을 정부가 개입하여 보완하는 것이다. 이때 주의할 것은 정부가 할 수 있는 일, 특히 복지 분야는 최대한 신장시켜야 하겠지만, 근원적인 측면에서는 시장이 인간화하는 과정이 진보의 본류가 되어야 한다는 점이다.

예를 들면 다음과 같은 모순들, 즉 이익과 경쟁을 통해 생산력과 물질생활이 향상되는데 그것만으로는 인간을 행복하게 하지 못하고, 자본주의의 폐단을 인식하고 반대는 하지만 자본주의를 넘어선 사회시스템은 막상 만들기가 어려우며, 고도성장과 고도소비가 이대로 계속되면 전지구적 재앙으로 이어지리라는 것을 머리로는 이해하면서도 편리한 생활에 너무나 익숙해져 저생산과 저소비를 감당하면서는 살기 어려운 모순들을 해결하는 과정이 시장 안에서 이루어져야 한다.

이러한 시도를 시장의 인간화라 부를 수 있다. 이것이 우리의 미래를 어떻게 바꿀지에 대해 몇 가지 예상해보면 다음과 같다.

첫째, 사람의 행복을 중심에 놓는 기업이 점점 늘어날 것이다.

개인적으로는 기업가들이 단지 이윤 추구가 아닌 인간의 행복 증진이라는 방향으로 기업의 목표를 세우게 되는 시대가 오리라 믿는다. 이른바 '버핏세'로 알려진 미국의 부호들의 자발적 증세 요구라든가, 일본 굴지의 부호인 손정의의 창업 목표가 IT산업을 통한 인류의 행복증진이라든가, 한국의 포스코와 같은 대기업이 '앞으로 가야 할 길은 사랑받는 기업'이라고 선포한 사례에서도 찾아볼 수 있다.

이때 사랑받는 기업이란 기업이 만들어지고 성장하는 터전인 사회 전반과 모든 이해관계자들을 만족시키고, 이해관계자와 동일한 가치와 문화를 공유함으로써 우리 사회 전체의 경쟁력을 높이고 인류 사회에 공헌하는 기업이라고 밝히고 있다. 아직은 소수지만 이런 방향으로 기업은 진화할 것이다. 그것이 기업이 살아남아 번영하는 길이기 때문이다.

둘째, 노동조합은 자본에 대해 노동자의 이익을 실현하는 전통적인 사업과 더불어 노동자의 새로운 문화를 창조해갈 것이다.

그동안 열악한 노동조건을 개선하기 위해 노동자들이 바친 노력과 희생은 우리 사회를 진보시키는 데 커다란 공헌을 했다. 물론 지금도 불가피하게 투쟁하지 않으면 안 될 상황들이 많지만, 투쟁에서 성과를 얻는 것 못지않게 대기업 노동조합과 중소기업 노동조합, 비정규직 노동조합 등 노동자 내부의 차이를 넘어서 노동자 상호 간에 이익과 경쟁이 아닌 연대와 협동의 문화를 뿌리내리는 일이야말로 노동운동이나 노동조합의 도덕성과 진보성을 높이는 일이 될 것이다.

셋째, 협동에 의한 생산력이 경쟁을 위주로 하는 일반 기업의 생산력보다 떨어지지 않는 새로운 기업 모델이 나올 것이다.

현대사회에서는 사람들의 수요를 떨어트려 행복을 증진시키는 것이 보편적인 방안이 될 수 없다. 생산력 향상을 꾀하고, 그것이 자유시장에서 경쟁에 의해 평가되는 상황이다. 이러한 현실에서는 경쟁을 일방적으로 반대하고 비판할 수만 없다. 그동안 자본주의를 넘어서려는 크고 작은 시도들이 이 생산력의 덫에 걸려 좌초했다. 만일 새로운 기업, 예컨대 생산협동조합 등과 같은 곳에서 사람들이 적재적소에 배치되어 자신이 하고 싶은 일을 즐기면서 협동으로 높은 생산성을 발현한다면 새로운 모델이 될 수 있다. 실제로 스페인의 몬드라곤 생산협동체는 스페인 전체 경제에서 무시하지 못할 정도의 상당한 규모로 성공한 모델로 꼽히고 있다.

우리나라에서는 아직 생산협동조합이 뿌리를 내리고 있지 못하지만, 이 분야에 대한 진지한 접근이 시장의 인간화에 중요하다. 특히 통일을 생각한다면 남북을 포괄할 수 있는 새로운 기업형태에 대한 현실적 요구는 절실하다고 하겠다.

지금 발전해가고 있는 생활협동조합이 생산협동체가 뿌리내릴 수 있는 좋은 배경이 되기를 바란다.

넷째, 건전하고 선善한 소비와 생활문화의 혁명이다.

물질적 궁핍에서 벗어나 어느 정도 풍요를 경험하고 나면 보다 높은 삶의 질과 보다 영속적인 행복을 추구하게 되는 것이 인간의 본성이다. 소비와 생활문화의 혁명이야말로 뿌리로부터 시장을 인간화하는 중요한 요소다.

예를 들어 식생활 측면에서 친환경적인 국내 농축산물을 이용하게 되면 생산자와 소비자가 마음으로 이어지는 시장이 발달하게 될 것이고, 그러다 보면 협동조합을 통한 거래나 직접적 거래가 넓어질 것이다. 제3세계와의 공정무역이 발전하여 소비생활 그 자체가 국내와 해외의 소생산자를 살리는 행위가 된다. 결국 물질적 소비가 자연스럽게 편리위주로부터 의미와 가치를 신장하는 삶으로 연결되는 것이다.

다섯째, 풀어놓음으로써 풍성함을 실현해간다.

방생放生이 가장 좋은 예다. 풀어놓아放 살리는生 것이다. 소유하고 가두고 집착하는 마음을 해방하며, 자원봉사, 기부, 나눔을 통해 자신이 가진 것을 사회에 풀어 놓는 것이다. 기독교에서 말하는 오병이어五餠二魚(떡 다섯 조각과 물고기 두 마리로 수천 명이 풍성한 식사를 했다는 성경 이야기)의 기적도 이와 같은 의미다.

공히 1천만 명이 넘는 우리나라 4대 종단 종교인 중에 최소 1백만 명만 자신의 신앙을 제대로 실천한다면 우리나라가 새로운 문명의 모델국가로 우뚝 서는 데 아주 특별한 견인차 역할을 하게 될 것이다. 부富를 많이 축적한 사람이 사회에 이를 환원한다든지, 자본가가 노동자와, 대기업이 중소기업과, 선진국이 후진국과 이익을 나누고 양보하는 것 등이 모두 풀어 놓는 일이다. 이러한 시장의 인간화가 진척되는 것만큼 새로운 사회, 새로운 문명이 우리 앞에 모습을 들어낼 것이다.

9

칭찬에도 비난에도 흔들리지 않는 인생

칭찬에도 비난에도 흔들리지 마라

人不知而不慍 不亦君子乎

공자께서 말씀하셨다.

"배우고 때로 익히면 또한 기쁘지 아니한가. 벗이 있어 먼 곳으로부터 찾아오면 또한 즐겁지 아니한가. 남이 나를 알아주지 않아도 마음에 동요가 없으면 또한 군자가 아니겠는가."

子曰, 學而時習之 不亦說乎 有朋自遠方來 不亦樂乎 人不知而不慍 不亦君子乎

— 제1편 학이 1장

공자는 《논어》 첫머리에서 기쁨에 대해 이야기하고 있다.

흔히 군자君子라 하면 훌륭하긴 하지만 재미는 없을 것 같다는 고정관념이 있다. 그러나 진정한 의미의 군자는 이런 통념과 달리 한마디로 기쁘고 즐거운 사람이다. 그런데 무엇이 기쁘고 무엇에 즐거워하는가, 여기에 핵심이 있다. 즐거웠다가도 금방 괴롭고 공허해지는 일시적 쾌락은 참된 기쁨이 아니다.

공자는 참된 기쁨에 대해 다음 세 가지를 들고 있다.

첫째는 진리를 추구하는 삶이 주는 기쁨이다.

배우기를 즐겨하며, 배워서 안 것을 때때로 실천하고 익혀서 체득해가는 기쁨이다. 억지로 배우는 것이나 출세하기 위해서 배우는 것은 진정한 기쁨과 거리가 멀다. 또 자신이 뭔가를 알고 있다는 자만심이나 자신의 생각이 틀릴 리 없다는 아집이 강하면 더 이상 배우려 들지 않는다. 배우기를 즐길 수 있으려면 아집으로부터 벗어나 진리를 향해 열린 태도를 가져야 한다.

둘째는 벗들과의 교류를 비롯하여 점점 넓어져가는 사회적 관계가 주는 즐거움이다. 공자에게는 진리를 깨닫는 기쁨과 함께 그것을 나누고 실천할 수 있는 벗과의 교류가 큰 기쁨의 원천이었다. 깨달음과 사회적 실천을 일관되게 통합하려 한 공자의 태도는 이 문장을 통해서도 엿볼 수 있다.

셋째는 다른 사람의 평가에 휘둘리지 않는 내면의 평온함 속에 사는 기쁨이다. 남의 평가에 좌지우지되지 않는 것이야말로 자유롭고 주체적인 인간의 모습이 아닐까 싶다. 다른 사람의 추켜세움이나 깎아내림에 늘 마음 쓰며 산다면 외부 대상의 영향 탓에 항상 불안할 수밖에 없다. 깎아내림은 말할 것도 없지만 칭찬을 받더라도 진심으로 기뻐할 수 없다. 언제든지 상황이 바뀔 수 있다는 일말의 불안감이 늘 도사리고 있기 때문이다. 이런 모습으로는 자신의 인생을 충일하게 산다고 말하기 힘들다.

공자의 자세는 '남이야 뭐라 하든 나 좋을 대로 한다'는 고집과는 차원이 다른 것으로 대상과 조건에 걸리지 않는 단계다.

결국 기쁘고 즐거운 것이 자유로운 것이며, 자유로운 사람을 군자라 할 수 있다. 항상 진리를 향해 열려있고, 그 깨달음을 사회적 관계 속에서 실천하며, 진정한 내면의 주체성으로 항상 생명력이 넘치는 인간, 그가 바로 군자다.

언젠가 TV에서 축구선수 박지성과 박주영 선수를 각각 인터 뷰하는 장면을 본 적이 있다.

어떻게 하면 축구를 잘할 수 있느냐는 질문에 두 선수가 마치 짜기라도 한 듯 똑같은 대답을 내놓았다.

"축구를 즐기면 됩니다."

이 말을 들으면서 논어 제6편 옹야 18장을 떠올렸다.

"아는 것은 좋아하는 것만 못하고, 좋아하는 것은 즐기는 것 만 못하다."

물론 자신의 일을 즐기지 못하고 있다고 해서 그만 두어야 한 다는 말은 아니다. 하지만 즐기는 마음 없이 관념으로서의 가치 관이나 사명감만으로는 어떤 일이든 오래 하기 어렵다. 마음이 끌려서 하는 일이 아니니 금세 싫증이 나고 동력이 떨어진다. 그래서 무슨 일이든 정말로 하고 싶어서 할 때 좋은 결과가 나 오고, 결국 즐기는 단계까지 나아갈 수 있다.

15세기 독일의 신학자 에크하르트는 다음과 같은 말을 했다.

"거룩함이란 해야 할 일의 다음을 하는 것, 온 마음을 다해 하는 것 그리고 그 일을 즐기는 것이다."

《논어》에 나오는 충忠도 같은 의미다. 이때 충은 진실로 최선 을 다하는 마음이다. 어떤 일을 하든지 진심으로 즐길 수 있어 야 진짜가 될 수 있다.

이상을 추구하는 사회운동도 마찬가지다. 해야 하는 당위와 그 일이 즐거워하는 것 사이에는 큰 차이가 있다. 운동을 즐기 려면 개인의 자유도自由度와 함께 집단의 문화가 함께 바뀌어야 한다. 즉 자기가 살고 있는 자리에서 자신과 세상을 바꾸는 일, 때로는 불의와 싸우는 일까지 포함하여 일 자체를 즐기면서 새로운 사회, 새로운 문명으로 이행해가는 것이다.

가난하면서도 즐거워함만 못하다

未若貧而樂

자공이 여쭈었다.

"가난하면서도 아첨함이 없으며, 부유하면서도 교만함이 없으면 어떠합니까?"

공자께서 말씀하셨다.

"좋은 말이다. 그러나 가난하면서도 즐거워하며, 부유하면서도 예를 좋아하는 것만은 못하다."

자공이 여쭈었다.

"《시경》에서 말하는 절차탁마切磋琢磨란 바로 이를 말하는 건가요?"

공자께서 말씀하셨다.

"사賜야, 비로소 함께 시를 논할 만하구나. 하나를 말하면 그 다음을 아는구나!"

子貢曰, 貧而無諂 富而無驕 何如 子曰, 可也 未若貧而樂 富而好禮者也 子貢曰, 詩云, 如切如磋 如琢如磨 其斯之謂與. 子曰, 賜也 始可與言詩已矣 告諸往而知來者

— 제1편 학이 15장

"아첨함이 없으며 교만함이 없으면 어떻습니까?"

이 물음에 대하여 "도를 즐기며 예를 좋아하는 것만 못하다" 라고 말하는 부분에서 공자가 그리는 진정한 자유의 의미를 미루어 짐작할 수 있다.

무엇을 하지 않는 것과 무엇을 즐기고 좋아하는 것은 내면의 자유도에서 큰 차이를 보인다. 높은 이상이나 도덕이 그것을 위해 극복해야 할 것들에 대한 금지나 금기의 형태로 나타나는 것과 그것을 좋아하고 즐기는 것과는 비교하기 어려울 만큼 엄청난 차이가 있다. 다만 좋아하고 즐기는 마음의 상태가 바로 그렇게 될 수 있는 것은 아니기 때문에 그 전단계로 무언가를 하지 않는 것이 필요하다.

특출한 사람은 예외일지 모르지만, 보통 사람의 경우는 오랫동안 가난하면서도 아첨하지 않거나 부유하면서도 교만하지 않는 것과 같은 도덕적 훈련 단계를 거친 후에야 비로소 즐기고 좋아하는 경지를 경험할 수 있다. 이 과정이 바로 절차탁마다.

개인의 성장뿐 아니라 사회의 발전도 점차 진전되는 이치가 있다. 오늘날 신세대를 보면 금지나 금기가 아니라 자기가 하고 싶은 것을 즐기는 자유를 누리는 점에서 구세대와는 비교할 수 없을 정도로 성장했다고 할 수 있다. 이것은 구세대가 힘써 마련한 물질적 토대와 민주주의가 바탕에 깔려 있기에 가능한 것이다. 그러나 지금의 젊은 세대가 누리고 있는 자유는 완전한 것이 아니다. 자기중심적이고 아집에 바탕을 둔 자유가 갖는 근본적 한계가 있기 때문이다.

그러나 일반적으로는 지금까지 개인을 억압하던 여러 가지 금기나 금지로부터 해방되는 과정을 거친 후라야 아집으로부터의 해방이라는 근원적 자유의 여행을 하게 되는데, 이것이 역사가 진전하는 방식이다.

●

무엇을 하지 않기 위해서 하는 것보다 무언가를 간절하게 하고 싶어서 하는 것이야말로 성공할 가능성도 높고 훨씬 즐겁다.

예를 들면 귀농도 도시의 삶이 싫어서 선택하는 것보다 농촌에서의 새로운 삶을 즐기고 싶어 시작하면 성공 가능성이 높다. 요즘 '네거티브 운동에서 포지티브 운동으로'라는 말을 많이 하는데, 긍정의 힘을 잘 활용한 것이라 하겠다.

투쟁이 불가피한 경우에도 그 안에 새로운 세상을 향한 긍정적 설계와 새로운 세상에 대한 희망의 씨앗을 키울 수 있는 즐기는 마음이 자라야 한다. 부조리에 반대하고 가진 자의 탐욕에 반대하는 것도 필요하지만, 스스로 보시布施를 즐기는 것이 훨씬 더 중요하다. 신자유주의의 폐단에 반대하는 것도 필요하지만, 스스로 상생과 협동, 연대의 삶을 실천할 때 힘을 얻게 된다.

옹야 편 9장에는 공자가 가난 속에 일찍 요절한 제자 안회를 찬탄하는 말이 나온다.

"한 소쿠리의 밥과 한 표주박의 물로 누추하게 살아도 안회는 그 즐거움을 잃지 않았다."

자발적 가난이라는 말도 있지만, 이 경우 안빈낙도安貧樂道라는 말이 떠오른다. 가난을 참고 견디는 것이 아니라, 가난을 편하게 받아들여 도道로써 즐기는 것이다. 요즘 말로 하면 도란 참다운 삶의 방식이라 할 수 있다. 즉 단순 소박한 삶을 즐기는 것이고, 소유가 아니라 존재를 즐기는 것이며, 자연과 교감하고 사람과 사이좋게 지내며 내면의 깨달음을 즐기는 것이다.

하지만 공자는 일부러 가난을 선택하라고 강요하지는 않는다. 오히려 공정한 방법에 의한 부富의 추구를 중시하고 있다. 그러나 항상 부귀보다 더 높은 가치가 있고 그것을 체득한 상태를 가장 높은 인간상으로 제시했다. 다른 말로 하면 욕구의 질, 삶의 동기가 다른 것이다. 그것이 체득되었는가의 여부는 그것을 얼마나 즐기고 있는지로 판명할 수 있다.

《논어》술이 편에서 공자는 다음과 같이 말한다.

"부를 구함이 옳은 것이라면 비록 마부 노릇이라도 하겠지만, 그렇지 않다면 내가 좋아하는 바에 따라 살리라."

성인의 진정한 호연지기란 이와 같은 것이 아닐까 한다.

하고 싶은 대로 행하여도 도에 어긋나지 않다

從心所慾不踰矩

공자께서 말씀하셨다.

"나는 열다섯 살에 학문에 뜻을 두었고, 서른 살에 뜻이 섰으며, 마흔 살에는 미혹함이 없게 되었고, 쉰 살에 천명을 알게 되었으며, 예순 살에는 다른 사람의 말이 그대로 들리게 되었고, 일흔 살에는 하고 싶은 대로 행하여도 도에 어긋나지 않게 되었다."

子曰, 吾十有五而志于學 三十而立 四十而不惑 五十而知天命 六十而耳順 七十而從心所慾不踰矩

— 제2편 위정 4장

이 구절을 읽다 보면 자유로운 인간으로 성숙하는 단계를 이처럼 적절하고 구체적으로 밝히고 있는 성현이 있었을까 하는 감동을 맛본다. 열다섯이면 중학교 2학년 정도의 나이다. 스스로의 가치관과 인생의 목표를 세우기 시작할 나이다. 선진국의 경우는 이때부터 본인들이 선택을 하기 시작한다.

서른이면 자립하는 나이다. 경제적 자립뿐만 아니라 정신적으로도 자립하는 것이다. 그리고 마흔이면 자기 얼굴에 책임을 지는 나이다. 유혹에 흔들리지 않는 성숙함이 있다. 그리고 쉰이면 자신의 분수(소명)를 아는 나이다. 맹자의 호연지기에 대한 말 가운데 '천하의 바른 자리에 서고立天下之正位'의 정위正位도 '분수에 맞는 자리'라고 해석하는 것이 맞을 것 같다. 이순耳順은 아집을 넘어서는 것이다. 누구의 어떤 말도 들리게 되는 것이다. 어떤 말을 들어도 화가 나지 않는 것이다.

대체로 마흔 살까지는 자립하고 자신을 확립하는, 즉 단단해지는 시기라면 쉰 살부터는 부드러워지는 시기로 보인다. '자립' '일관성'과 '유연함'이 한 인격 속에서 어떤 단계를 거치는가에 대한 모범을 보이는 것 같다.

마지막으로 종심소욕불유구從心所慾不踰矩의 단계가 되면 어느 것에도 걸림이 없는 자유인이 된다. 우리는 지금 하고 싶은 대로 할 수 있는 자유를 극대화하는 시대적 풍조 속에 살고 있다. 그러나 그것은 자기 멋대로의 세계인 경우가 많아 생각이나 성격이 다른 사람, 집단과 만나게 되면 심한 부자유를 느끼게 되어 진정한 자유와는 거리가 멀어진다. 자기가 하고 싶은 대로 하더라도 사회 전체의 조화나 큰 질서에 어긋남이 없게 될 때야 비로소 진정한 자유라고 할 수 있다.

종심소욕불유구라는 경지는 관념이 어느 방향으로도 고정되어 있지 않은 자유로운 상태다. 자동차로 말하면 기어 중립 상태라 할 수 있다. 그러기 위해서는 먼저 무엇이든 할 수 있는 사람이 되어야 한다. 반드시 해야만 하는 사람이 아니라 하지 않을 수도 있는 사람이 되는 것이 중요하다.

이것이 가능할 때 나의 자유가 다른 사람의 안녕이나 사회전체의 이익과 부조화를 일으키지 않는다. 오늘날 할 수 있는 자유를 누리는 데까지는 사회가 괄목할 진전을 이루었지만 해야만 하는 부자유에 묶여 있는 경우가 많다. 이제 이 단계에서도 한발 더 나아가 다른 사람과의 조화를 위해서는 하지 않을 수 있는 상태까지 나아갈 때 비로소 진정한 자유를 누릴 수 있다.

보통 이러한 자유도의 진전은 생존에 필수적인 욕구가 어느 정도 만족되었을 때 가능하다. 즉 물질적 풍요와 사회적 자유의 확대가 좋은 토양이 되는 것이다.

이런 점에서 우리는 공자가 살았던 시대와는 비교가 안 될 정도로 좋은 조건 속에서 살고 있다. 이제 보통 사람들이, 그것도 신세대가 공자 수준의 자유에 도달하는 것이 결코 어렵지 않은 시대가 온 것이다. 이것이야말로 역사가 진보하는 증거라 할 수 있다. 장엄한 인류 진화의 서사시라 할 만하다.

●

요즘 자유에 대해 이야기할 기회가 많다.

'나는 정말 자유로운가?'

이런 자괴감이 들 때면 공허함이 엄습하기도 하지만, 자유를 찾아가는 것이 인생이란 생각에 위안을 삼고 있다.

자유에 대해 생각하면 떠오르는 말이 있다.

"바람 불면 바람 부는 대로, 비가 오면 비가 오는 대로."

참 편안 표현이다. 의지로 어떻게 할 수 없는 것은 그대로 받아들이는 마음이다.

이것은 체념이나 게으름과는 다르다. 그런 의미에서 이 말이 참되려면 진인사대천명盡人事待天命이라는 실천철학이 뒷받침

되어야 한다. 진인사盡人事란 자신의 의지로 자신의 능력만큼 최선을 다하는 것이다. 즉 충忠을 말한다. 대천명待天命은 자기가 어떻게 할 수 없는 것은 그대로 받아들이는 태도다. 즉 서恕라 하겠다.

사람 사이에서 상대가 곧 하늘이라는 것을 받아들이면 인내천人乃天 사상이 결코 추상적인 말이 아님을 깨닫게 된다.

'아, 바로 그 사람이 하늘이구나!'

'내가 할 수 있는 일은 오직 최선을 다하는 것일 뿐!'

이렇게 생각할 수 있다면 상대의 반응에 따라 심하게 요동치는 부자유에서 해방될 수 있다. 더 나아가 참된 사랑의 묘미와 그것에서 비롯된 참된 자유의 경지를 맛볼 수 있다. 사람의 운명을 생각할 때 그 사람의 성격이 곧 운명이라고 생각될 때가 많다. 나도 제법 살다보니 점쟁이가 아니라도 대체로 사람의 미래가 예견될 때가 있다. 왜냐하면 그 사람의 생활습관이 그 사람의 미래를 만드는 것인데, 생활습관은 타고난 성격에 가장 많은 영향을 받기 때문이다.

《삼국지》에 나오는 유명한 일화가 있다. 사마중달이 첩자를 보내 제갈공명의 동태를 파악하게 했다. 첩자는 다음과 같이 보고했다.

"밥은 적게 먹고 일은 바쁘게 합니다."

사마중달은 그 말을 듣고 제갈공명의 단명短命을 예견한다. 하지만 이는 사마중달이 아니라 보통 사람이라도 충분히 내다볼 수 있는 정황이다.

만약 삶이 타고난 성격에 영향받아 운명지어진다면 인간에게 진정한 자유란 없는 게 아닐까. 그런데 인간에게는 운명으로부터 자유로워질 수 있는 길이 있다. 바로 습관을 바꾸는 것이다. 습관을 바꾸면 성격도 바뀌고, 그러다 보면 다음 세대에 물려줄 유전인자에도 영향을 미치게 된다. 이런 과정을 겪으며 자유가 확장되어가는 것이다.

공자는 양화 편에서 습관의 중요함을 강조하며 다음과 같이 말하고 있다.

"사람의 천성은 서로 비슷하나 습관에 의해 서로 멀어진다."

습관은 후천적으로 형성되는 것이기 때문에 변화시킬 수 있다. 잘 안된다고 포기해 버리는 것이 문제다. 이러한 습관은 개인의 성격이나 의지뿐만 아니라 사회 환경과 교육에 의해 형성될 수 있다. 따라서 사회와 교육을 정상화하는 것이 좋은 습관을 몸에 붙이는 데 큰 영향을 줄 수 있는 것이다.

결국 자유는 개인의 의지와 사회적 환경의 상호 작용에 의해 넓어지는 것이다.

덕德 좋아하기를 미색 좋아하듯 하다

好德 如好色者也

공자께서 말씀하셨다.

"나는 지금껏 덕 좋아하기를 미인 좋아하듯 하는 사람을 보지 못하였다."

子曰, 吾未見好德 如好色者也

— 제9편 자한 17장

색色을 좋아하는 것은 동물적 본능에 뿌리를 둔 것이어서 자연스럽고 동시에 강렬하다. 덕德은 동물 일반의 세계와는 질이 다른 인간의 도리, 인간의 질서, 인간의 길이다. 본능에 뿌리를 둔 것이 아니라 인간의 이성에 바탕을 두고 있다. 그래서 자연적이지 않고 인위적이다. 아직은 좋아하는 것이 아니라 마땅히 따라야 할 의무나 도리인 것이다.

혼히 "본능대로 살자"라는 말을 하는데, 윤리나 도덕에 수반되던 내면의 부자유로부터 자유롭고자 하는 현대인의 욕구를 나타내는 것이지 본능으로 돌아가자는 뜻은 아닐 것이다. 동물적 본능과 그것을 넘어서려는 인간의 길 사이에는 치열한 싸움이 있다. 질풍노도와 같은 욕망충족의 자유를 누려보는 것은 아마도 덕을 좋아하게 되는 단계로 나아가기 위해 필요한 과정인지도 모르겠다. 결국 호색好色하듯이 호덕好德하는 것이 자연스러운 세계를 향해 인류는 진화하고 있는 것이 아닐까 싶다.

진정한 행복은 공허감이나 불쾌감을 수반하는 일시적 쾌락에서는 결코 찾을 수 없다. 인간으로서 진실한 삶, 숭고함이 신장되는 삶 속에서 구현되는 것이다.

이제 인지人知가 발달하고 사회가 진보하면서 점점 더 많은 사람들이 인간의 숭고함을 발현하는 것에서 가장 안정된 자유와 행복을 느끼게 될 것이다.

어려움을 겪는 이웃을 위해 수천, 수만의 자원봉사자들이 기꺼이 자신의 시간과 노력을 보태는 모습이나 천재지변을 겪는 이웃 나라를 돕기 위해 먼 길 마다하지 않고 자신을 던지는 사람들이 이를 증명하고 있다.

●

《논어》술이 편을 보면 공자가 진나라에 가서 예禮에 대해 문답하는 일화가 나온다.

진나라의 법을 다루는 사법관리가 공자께 여쭈었다.

"노나라의 소공(공자가 노나라 출신이므로 자기 나라 임금에 해당함)이 예를 압니까?"

공자가 대답했다.

"압니다."

그러자 그 관리는 공자가 자리를 비운 후 공자의 제자에게 비아냥거리며 말했다.

"군자는 편을 들지 않는다던데, 군자도 역시 편을 드는군요."

노나라 소공이 자기와 성이 같은 오나라 여인을 부인으로 맞은 다음 송나라 여자처럼 보이려고 '오맹자吳孟子'라 칭한 것을 지적하며 "만일 소공이 예를 안다면 누가 예를 모른다 하겠느냐"라고 공자를 비판한 것이다.

이 이야기를 듣고 공자가 말했다.

"나는 행복하구나. 조금의 잘못이 있어도 남이 반드시 이를 알려주는 사람이 있으니."

이 말은 공자가 자기 나라 군주를 비난하는 데 동참할 수 없어 자신의 잘못만 인정한 것이라고 볼 수 있지만, 다른 측면에서는 말 그대로 누군가 자기 허물을 이야기하면 그것을 흔쾌히 받아줄 정도의 덕을 갖추었음을 알 수 있다.

혹시라도 누가 내 허물을 이야기하면 기분이 어떨까. 남이 내 잘못을 면전에서 지적해도 기쁘게 받아들일 수 있을까. 만약 그럴 수만 있다면 누가 어떤 말을 하든 그 때문에 화나거나 짜증 내거나 잠 못 자거나 하는 괴로운 시간은 결코 없을 테니, 그것이 바로 자유가 아니겠는가.

유익한 즐거움 세 가지, 해로운 즐거움 세 가지

益三樂 損者三樂

공자께서 말씀하셨다.

"유익한 좋아함이 세 가지 있고, 해로운 좋아함이 세 가지 있다. 먼저 예악으로 절제하기를 즐기고, 남의 좋은 점 말하기를 즐기며, 좋은 벗이 많기를 즐기면 유익하다. 또 교만한 쾌락을 즐기고, 안일하게 노니는 것을 즐기며, 주색의 향락을 즐기면 해롭다."

孔子曰, 益者三樂 損者三樂 樂節禮樂 樂道人之善 樂多賢友 益矣 樂驕樂 樂佚遊 樂宴樂 損矣

— 제16편 계씨 5장

유익하다는 것은 자신에게도 이롭고 다른 사람에게도 이로운 것이다. 비록 일시적으로는 자신에게 이익이 될지도 모르지만 다른 사람에게 나쁜 짓을 하거나 못할 짓을 하면 언젠가는 자신에게 돌아온다. 이것이 세상의 이치다.

공자가 말하는 유익한 즐거움이란 절대의 즐거움이다. 어느 누구도 힘들게 하지 않는 즐거움인 것이다. 반대로 해로운 즐거움이란 일시적이고 상대적인 즐거움으로, 조건에 따라 변하기 때문에 괴로움을 수반한다.

공자의 말 중 첫째, "절제하기를 즐긴다"라는 표현에서 '절제'라는 말은 대체로 즐기는 상태보다는 뭔가 하고 싶은 것을 억제하는 경우에 쓰는 말이다. 그런데 예禮에 묶이지도 않고, 악樂에 빠지지도 않으면서 예악을 즐기는 것이다. 이것은 세상의 큰 질서를 따르는 데 부자유가 없는 경지로 종심소욕불유구從心所慾不踰矩, 즉 하고 싶은 대로 해도 도에 어긋나지 않는 경지와 통한다.

둘째, "남의 좋은 점 말하기를 즐긴다"는 것은 마르지 않는 행복의 샘을 가진 것과 같다. 보통은 알게 모르게 남을 흉보는 것에 마음이 끌린다. 이것은 일시적으로 아집을 만족시킬지는 몰라도 뒤가 개운치가 않다. 또한 남이 나를 흉보지 않을까 전전긍긍하는 불안함도 있다. 남의 흉을 보지 않는 것만 실천해도 대단한 경지인데, 더 나아가 남의 좋은 점이 마음에 들어오고 그것을 즐겨 말할 수 있다면 관계가 일변一變하고 사회의 공기가 얼마나 따뜻하게 될지 자못 기대된다.

셋째, "좋은 벗을 많이 갖기를 즐긴다"에서 이것을 당연하다고 생각할지도 모르겠다. 하지만 사람들은 자기가 대하기 편한 상대나 이익을 줄 것으로 기대되는 사람을 사귀려는 경향이 강하다. 이러한 모습은 결국 자신의 아집을 키울 뿐이므로 좋은 벗 갖기를 즐기는 모습이라고 할 수 없다. 배우는 것을 좋아하는 사람만이 배움을 주는 좋은 벗과 사귐을 즐길 줄 안다.

반대로 세 가지 해로운 즐거움이란 일시적이고 상대적인 만족감을 줄지는 몰라도 결국에는 큰 괴로움을 주는 경우다.

비교우월감에서 교만을 즐기는 사람은 바로 거기에 따라붙는 비교열등감 때문에 항상 전전긍긍하게 된다.

요즘 "게으르게 살고 싶다" "본능대로 살고 싶다"라는 말을 많이 한다. 먹고 살기 위해 정신없이 뛰어야 했던 지난날을 잊고, 규범이나 인습에 얽매여 욕구를 억제해야만 했던 상태로부터 벗어나고 싶은 자유욕구의 발로일지는 모르지만, 이러한 삶의 자세로는 행복해지기 어렵다.

개인적으로나 사회적으로나 극단으로 치우치지 않는 모습이 진정한 지혜다. 게으르고 쾌락에 몸을 맡기는 것은 결코 자유의 길이 될 수 없다. 하지만 이를 도덕이나 윤리로 강제할 수는 없다. 오직 스스로 깨달음에 의해서 자각할 뿐이다.

●

《논어》팔일 편에 보면 《시경》관저 편의 시에 대해 다음과 같은 표현이 나온다.

"즐거하되 음란하지 않고樂而不淫, 슬퍼하되 마음이 상하지 않는다哀而不傷."

감정의 조화에 대한 깊은 통찰을 느끼게 하는 말이다. 흔히 인간의 주된 감정을 희로애락으로 설명한다. 그렇다면 기쁨, 성냄, 슬픔, 즐거움 같은 상반된 감정들이 어떻게 조화를 이루는 것이 바람직할까? 요즘처럼 선정적이고 순간적인 감정 위주의 대중문화를 볼 때 깊이 음미해볼 만하다.

시대나 사회 문화에 따라 나타나는 형태는 다르겠지만, 어느 시대나 조화와 절제를 잃고 깊이 빠져드는 마음의 상태를 음淫이라 할 수 있다.

음은 꼭 성적인 측면만을 뜻하지 않는다. 알코올 의존증을 비롯해서 도박이나 마약, 쇼핑 중독까지 요즘 말로 하면 각종 중독도 음이라 할 수 있다. 또 최근에는 젊은이들 사이에 게임 중독이 심각한 사회문제가 되고 있다. 즐겁고자 시작한 것인데 너무 탐닉하다가 오히려 몸과 마음을 다치고 결국 엄청난 고통을 겪는다.

상傷이란 슬픔이 지나쳐 마음의 조화를 상실하는 것이다. 너무 슬픈 나머지 몸과 마음이 상하고 심하면 자살에 이르는 경우를 자주 본다. 극단적인 반응에 치우치기 쉬운 현대인들에게 어느 때보다 슬퍼하되 상하지 않는 감정의 절제가 필요하다. 사람의 감정 가운데 몸과 마음을 가장 해치는 것이 화怒다. 심하면 화병이 되기도 하고, 순간적으로 화가 폭발해 평생을 두고 씻을 수 없는 실수로 이어지는 경우도 많다.

여러 가지 극단에 이르는 감정의 부조화는 개인에게만 책임을 물을 수는 없다. 사회가 조장하는 측면도 크기 때문이다. 분노의 경우도 마찬가지다. 화가 많은 사회는 지극히 불안정하고 불유쾌한 사회가 될 수밖에 없다. 화에 휘둘리지 않으면서 세상의 정의를 실현해가는 성숙한 사회를 원하는 것도 이런 이유에서일 것이다.

10

삶도 아직 모르는데 어찌 죽음을 알겠는가

괴력난신을 이야기하지 않는다

子不語怪力亂神

공자께서는 괴怪, 력力, 난亂, 신神에 관해 말씀하는 일이 없으셨다.

더불어 공자께서 말씀하셨다.

"너희는 내가 무엇을 숨기고 있다고 생각하는가? 나는 숨기는 것이 없다. 나는 너희들에게 보여 주지 않는 행동이 없으니, 이것이 바로 나다."

子不語怪力亂神 子曰, 二三子 以我爲隱乎 吾無隱乎爾. 吾無行而不與二三子者 是丘也

— 제7편 술이 20장

이 구절을 통해 살펴보면 공자가 대단히 과학적이고 보편적이며 평화지향적인 사고를 했다는 것을 알 수 있다.

걸출한 인물들은 보통 사람들이 보지 못하는 것을 보고, 할 수 없는 일을 하는 능력이 있다. 이런 사람들을 역사상 성인聖人으로 일컫고, 이들을 중심으로 종교가 출현하기도 한다. 이런 능력은 아집에서 벗어나 우주자연의 이치와 하나가 되었기 때문에 생기는 것이다.

사람들은 이 이치를 모르고 눈에 보이는 이적異蹟만을 크게 생각한다. 미지의 것이나 미래에 대한 불안감과 두려움 때문에 보통 사람이 알 수 없고 할 수 없는 것을 동경하는 까닭이다. 그런데 공자는 종교의 창시자로 추앙된 여타 성인들과는 다른 점이 있다. 결코 괴력난신怪力亂神을 말하지 않았다.

이런 공자의 모습을 답답해한 제자들도 있었던 모양이다. 지나치게 일상적이고 평범한 이야기만 하며, 궁금증을 단박에 해소할 만한 답을 내놓지 못한다고 생각했기 때문이다. 그래서 제자들 중에는 혹시 스승이 뭔가를 숨기고 있는 것이 아닐까 의심도 했다. 이에 공자는 이 의문에 대해 다음과 같이 명쾌하게 대답한다.

"나는 숨김이 없다. 나는 그대들에게 보여주지 않은 바가 없으니 보이는 그대로가 바로 나다."

보통 사람들은 이적이나 신비주의에 끌린다. 여기에서 미혹과 미신의 유혹이 생겨난다. 물론 신비에 대한 호기심, 우리가 모르는 세계에 대한 외경은 있을 수 있다. 그러나 무엇보다 중요한 것은 자신의 의식을 근본적으로 변혁하는 것, 즉 아집을 넘어서는 것이야말로 자유와 행복으로 가는 지름길이라는 자각이 있어야 한다.

공자처럼 신비주의에 빠지지 않고 자유인이 되는 것은 현대인의 과학적 인생관이나 세계관과도 잘 부합되는 삶의 태도다. 한편 공자가 힘力과 난亂에 대해서도 언급하지 않았다는 것은 어떤 의미일까?

이 말의 뜻은 공자가 평화를 꿈꾸고 숭고한 정신을 지향하는

데 깊은 신뢰를 가졌고, 이상적인 세계를 향한 흔들리지 않는 신념이 있었음을 의미한다.

고금을 통해 평화는 인류의 이상이었지만 현실은 늘 전쟁과 갈등으로 얼룩졌다. 그렇다면 인간이 추구하는 숭고한 품성을 어떻게 키워갈 것인가. 또 힘에 의지한 질서와 전쟁이나 폭력의 위협에서 어떻게 항구적으로 벗어날 것인가. 이에 대해 공자는 중요한 메시지를 전하고 있다.

●

요즘 신인문운동을 제안하면서 이런 질문을 종종 받는다.

"만일 기독교가 이 운동에 동참한다면 어떤 형태가 될까요?"

기독교도가 아닌 사람이 이런 질문에 응답하는 것이 주제넘은 것처럼 생각되어 망설여지기도 한다. 하지만 기독교는 기독교인들만의 것이 아니라 인류 공통의 고귀한 유산이라는 관점에서 보면 완전히 국외자라고만 할 수도 없을 것이다.

이미 《성경》을 몇 차례 읽은 기억이 있고, 여러 부분에서 큰 감동을 받았다. 지금의 인류가 총체적 위기를 넘어서기 위해서는 예수의 가르침대로 살면 되겠구나, 하고 느낀 적도 한두 번이 아니다. 예수의 가르침대로 사는 것, 바로 지상을 천국으로 만드는 아름다운 실천이기에 기독교가 신인문운동을 함께해야 할 이유라고 생각한다.

지금 전 인류의 과제 중 하나가 빈부격차에서 발생하는 모순을 넘어서는 것이다. 그러자면 국가적 차원에서 재분배 노력, 시장의 인간화, 그중에서도 기부의 보편화 같은 흐름을 만들어가야 한다. 그런 다음 한 나라를 뛰어넘어 세계적 범위에까지

넓혀나가야 한다.

재분배를 위한 노력 중 대표적인 것이 기부문화다. 기부에서 가장 힘 있고 실천력 있는 형태는 기독교의 십일조일 것이다. 소득의 10퍼센트를 교회에 내는 것인데, 보통 사람들로서는 쉽게 실천하기 어려울 만큼 대단한 수준이다. 만약에 십일조가 자발적이고 즐거운 기부 문화로 보급된다면 기독교야말로 신인문운동의 최첨단에 서게 될 것이다. 다만 그것이 교회 안에서 이루어지는 것이 아니라 교회를 매개로 가난한 이웃과 나눈다는 전제로 말이다.

때때로 나는 이런 교회가 있다면 어떨까 상상해본다. 서울의 중산층 이상이 거주하는 지역에 500명 정도가 어깨를 맞대고 앉는 교회에서 신자들은 매월 소득의 10퍼센트를 기부한다. 그 가운데 9퍼센트는 형편이 어려운 개인이나 집단에게 전해지는데, 종교의 유무나 종교의 다름을 초월해서 말이다. 그리고 나머지 1퍼센트는 교회의 운영비(목사님이나 교역자의 월급 등)로 사용하는 것이다.

그 교회의 교역자들은 십일조에 관해 조정자 역할을 하는 것이다. 이런 행위는 지상을 즉각 천국으로 만드는 일에 동참하는 것이기 때문에 그 자체로 이미 그들의 마음속에 축복과 은혜의 보상을 받게 될 것이다.

물이 높은 곳에서 낮은 곳으로 흐르듯, 마음과 물질이 풍부한 곳에서 부족한 곳으로 자연스럽게 흐르는 모습은 상상만 해도 아름답다. 물론 실제로 이루어지기는 쉽지 않겠지만, 예수님의 삶을 현실 속에서 실현하는 것이 교역자나 교인의 길이라고 생각한다면 불가능한 것만도 아닐 것이다. 이런 꿈같은 모습을 그려보는 것이 어디 비단 기독교여야만 하겠는가.

하늘이 이 문화를 없애려 하지 아니 하니

天之未喪斯文也

광匡 땅에서 위태한 지경에 처했을 때 공자께서 말씀하셨다.
"주나라 문왕은 이미 돌아가셨지만 그 문화는 내게 전해져 있
지 아니한가? 하늘이 장차 이 문화를 없애려 한다면 후세 사
람이 이 문화에 참여할 수 없을 것이다. 그러나 하늘이 이 문
화를 없애지 아니하셨으니, 광인들이 나를 어찌할 수 있으
랴?"

子畏於匡 曰, 文王旣沒 文不在玆乎 天之將喪斯文也 後死者
不得與於斯文也 天之未喪斯文也 匡人 其如予何

— 제9편 자한 5장

이 말은 공자의 신념이 얼마나 굳건했는가를 잘 보여준다.

노나라의 양호가 광匡이라는 지역에서 백성들을 못살게 하
는 바람에 사람들의 원성이 컸다. 그런데 공자가 그곳을 지나다
가 공자의 외모가 양호와 비슷하여 오해를 받았는데, 양호를 미
워하는 사람들이 공자를 가두는 지경에 이르렀다. 그러나 이처
럼 위급한 상황에서도 공자는 주나라 문화를 잇고 있다는 자긍

심을 잃지 않았다.

그렇다면 이 시대를 사는 우리는 어떤 이야기를 할 수 있을까? 우리가 살고 있는 이 시대는 개인주의가 공인주의公人主義로 진화·발전하는 과정 속에 있다. 여기에서 '공인公人'이란 우리가 흔히 말하는 공적 활동을 하는 사람을 가리키는 것이 아니라, 의식이 진화된 사람을 말한다. 각자가 분리 독립된 개체가 아니라 우주자연과 일체의, 유기적인 한 부분이라는 사실을 자각하고, 소유나 아집이 허상임을 알아서 주변 사람들과 즐겁게 조화를 이루려는 인간이다.

나는 이런 공인의 대열이 점차 늘어날 것이라고 믿는다. '한 사람은 만인을 위하여, 만인은 한 사람을 위하여'라는 구호는 점차 현실이 되어갈 것이다. 복지 제도가 완비되고, 친애의 정이 흘러넘쳐 '요람에서 무덤까지' 안정되고 쾌적한 사회로 진화해갈 것이라고 확신한다.

이것은 공연한 낙관이 아니다. 인류가 진화, 진보해온 방향과 성과를 볼 때, 과학이 더욱 발달하고 물질이 풍부해져서 사람들이 물질적 욕구를 넘어 정신적·문화적 욕구가 더 커지는 시대가 오면 소유는 점차 무의미해지고 사회는 서서히 무소유 사회로 나아가게 될 것이다.

누구나 원하는 일을 능력껏 하고 필요한 만큼 사용하는 사회가 될 것이며, 자기실현이 곧 세계 실현의 과정이 될 것이다. 학교에서는 세계의 공인들이 자라고, 노인들은 늙어 가는 삶을 즐기게 될 것이다. 살기 좋았다는 요순의 세상이 어떠하였는지 모르지만 미래는 그보다 훨씬 더 진화된 세상이 될 것이다.

이것은 꿈같은 이야기가 아니다. 역사가 그런 시대를 준비해

왔고, 인류가 그런 삶과 문화를 만들어가려고 노력하고 있지 않은가. 그렇다면 저 '광토 땅의 사람들'이 감히 우리를 어찌할 수 있겠는가.

●

원래 인문운동(르네상스)은 15세기 이탈리아가 중심이 되어 전 유럽으로 확산된 흐름이다. 그래서 이탈리아 르네상스를 두고 근대의 시작으로 간주하기도 한다. 그러나 일부 마르크스주의 역사가들은 르네상스를 미술·문학·철학에서 일어난 변화일 뿐 대다수 유럽 사람들의 삶과는 무관했으며, 심지어는 그것이 긍정적인 것이었는지조차 의문이라고 평가절하하기도 한다.

하지만 대부분의 역사가들은 르네상스가 중세의 암흑시대를 벗어나 근대의 여명을 밝힌 인문운동이라고 호평한다. 당시 신 중심의 암울한 중세사회로부터 인간 중심 사회로 가는 문을 연 선구자들은 예술가들이었다. 그 시대에 인간 중심의 예술이 꽃필 수 있었던 데에는 메디치가家와 같은 부유한 상인들의 후원 등 현실적인 조건들이 작용했지만, 핵심은 결국 자유를 지향하는 인간 정신의 발견이었다.

과거의 인문운동이 중세의 암흑으로부터 근대의 빛을 가져온 운동이었다면, 지금 우리 시대에 필요한 신인문운동은 현대의 위기로부터 인류의 미래를 밝히는 운동을 의미한다. 현대의 대표적 위기는 전쟁(핵 위험을 포함하여 각종 테러에 이르기까지)의 위협, 지구적 재앙으로 연결되는 환경파괴, 과학기술과 생산력의 발달이 오히려 양극화를 더 심화시키는 것 등이다. 오늘날 당면한 위기는 제도와 물질적 기술만으로는 해결하기 어려운 지경에 이르렀다.

이제, 인간 의식의 변화, 그것도 한두 사람이 아니라 인류 전반의 의식이 변해야 이 위기를 벗어날 수 있게 되었다. 과거의 인문운동이 신으로부터 인간정신을 해방하려는 것이었다면, 현대의 신인문운동은 인간의 자기중심성으로부터 인간 자신을 해방하자는 것이다.

결국 아집과 소유로부터 자유로워지자는 것이다. 이것은 실제로 모든 종교 창시자들의 일관된 목표였다. 그렇게 본다면 현대의 신인문운동은 종교인들이 말하는 불성佛性이나 신성神性을 인간의 영역으로 보편화하는 것이라 할 수 있다.

이것은 불가능한 일이 아니다. 모든 종교인들이 허위와 위선의 굴레에서 벗어나 진리의 빛 속으로 걸어 들어가기만 하면 가능하다. 혹시 종교를 믿지 않는다면 인간의 양심을 꽃피우는 과학의 길을 걸으면 된다. 과학적으로 볼 때 이 우주는 하나의 생명체며 분리 독립된 나라는 실체가 없다. 이 점을 깨닫고 그대로 살면 대자유의 삶을 살 수 있다.

유물론자를 포함한 비종교인들도 인간화의 이상이라면 함께 동참할 수 있을 것이다. 그러면 종교와 과학이 합일하는 세계로 갈 수 있다. 이 단초를 여는 것이 신인문운동이다.

과거의 인문운동이 이탈리아라는 지정학적 조건(유럽 대륙과 지중해를 잇는 반도)에서 일어났다면 신인문운동은 그보다 훨씬 스케일이 큰 한반도라는 지정학적 조건(유라시아와 태평양을 잇는 반도)에서 일어날 수 있다.

이에 대한 전망은 단순히 우리의 희망사항만이 아니라, 우리나라의 세계사적 위치를 비롯한 사상적 토대가 이를 뒷받침하고 있다.

이탈리아의 르네상스가 회복하자고 한 것이 이탈리아에 남아 있던 그리스·로마의 전통이었다면, 우리는 그보다 훨씬 오래되었으면서도 인간의 보편적 목표를 앞서 제시했던 동서양을 포괄하는 수많은 고전적 사상들과 세계의 고등 종교가 평화롭게 공존하고 있다. 그 본래의 지향으로 돌아가 미래를 새롭게 열어가는 운동을 하는 데 한반도만큼 적당한 곳도 없다.

요즈음 인문학 붐이 일어나고 있는 것은 대단히 좋은 징조다. 이것이 거품으로 끝나지 않고 진정한 인문운동으로 발전하기를 진심으로 바란다. 인문학에 대한 관심이 성찰로 이어지면 어느 순간 그것이 신인문운동의 실천으로 이어지리라는 기대 때문이다.

네 가지를 끊고 대자유에 이르다

毋意, 毋必, 毋固, 毋我

공자께서 끊어버린 것이 네 가지가 있으니 주관에 사로잡힘
이 없고, 반드시 해야만 하는 일이 없고, 고정함이 없고, 나를
내세우는 일이 없으셨다.

子絶四 毋意 毋必 毋固 毋我

— 제9편 자한 4장

공자는 의를 따르기 위해 버려야 할 네 가지를 절사絶四(네 가
지를 끊음)로 설명했다. 그 네 가지는 다음과 같다.

첫째는 무의毋意다. 무의라고 해서 아무런 생각이 없는 것이
아니다. 단지 선입관이나 편견이 없어 주관에 사로잡히지 않는
것이다. 모든 생각을 차별 없이 동등하게 대하기 위해서는 자
기 생각을 일단 선반 위에 올려놓을 수 있어야 한다. 그래야 누
구의 말도, 어떤 말도 있는 그대로 들을 수 있다. 그런 바탕에서
공의公意를 발견하게 되고 그러다 보면 공의에 따라 사는 대자
유에 이른다.

둘째는 무필毋必이다. 자기 주관대로 무언가를 반드시 해야
한다거나 또는 하지 않아야 한다고 정해놓는 것은 자신의 마음

상태를 어느 한쪽으로 미리 제한하는 것이다. 어느 쪽으로도 묶이지 않을 때 진정한 자유를 누릴 수 있다. 무필을 이야기하다 보면 다음과 같이 걱정하는 사람들이 있다.

"세상의 의를 실천하기 위해서는 반드시 해야 할 일이 있는데, 무필을 추구하면 추진력이 약해지지 않을까?"

"쉽게 중단하여 중도이폐中道而廢(도중에 일을 그만둠)하는 폐단이 생기는 것이 아닌가?"

그러나 자기 생각으로 반드시 해야 하는 것과 무필은 일을 추진하는 동력이 다르다. 공의公意에 따르는 삶이 무필의 삶이라면, 이는 사의私意에서 발현하는 에너지보다 광대무변한 에너지원을 발휘한다.

셋째는 무고毋固다. 어떤 고정 관념에도 사로잡히지 않으며 결코 단정하지 않는 것이다. 실제로 세상은 쉬지 않고 변한다. 공자가 강변에서 "흘러가는 모든 것들은 이 강물과 같다. 밤이고 낮이고 그치지 않는다"라고 한 말도 바로 이런 이치를 이야기한 것이다.

세상은 늘 변하는데 관념은 고정되기 쉽다. 관념이 고정되면 더 이상 알려고 하지 않게 되어 진리를 발견하거나 옳은 방법을 찾아내기 어려워진다. 일단 자기 생각을 당당하게 주장하더라도 그것이 결코 고정불변의 진리가 아니라는 자각이 중요하다. 진리를 향해 열려있을 때 삶이 자유로울 수 있기 때문이다.

넷째는 무아毋我다. 관념이 아니라 실제의 세계에서는 '나'라고 하는 분리 독립된 실체는 존재하지 않는다. 그럼에도 불구하고 '내가 잘 났다'라는 자의식을 가지고 자기를 과시하는 행위는 어리석은 짓이다. 한편 우월감 못지않게 '내가 못났다'는 열등감도 이 자의식으로부터 생긴다. 이것이 소아小我다. 그러다 보면 스스로의 관념이 만든 허상에 갇히고 만다. 무아毋我는 대아大我를 자각하는 길이다.

●

　네 가지를 끊은 사람을 현대적인 말로 표현하면 공인公人이라고 할 수 있다. 여기서 공인은 단순히 공적인 일에 종사하는 사람이 아니라, 자기중심적 이익과 욕망, 즉 사리사욕을 넘어선 인간이라고 할 수 있다. 즉 소아小我를 넘어, 대아大我인 나를 자각한 개체를 의미한다. 우주라는 그물망에 하나의 그물코에 불과한 '나'라는 존재를 또렷이 자각하는 것이다. 또한 내 안에 온 우주를 품고 있는 그런 '나'를 자각하는 것이다.

　그렇다면 이 시대가 필요로 하는 공인은 어떤 모습일까? 그것은 지금 이 시간에도 굶주리는 10억에 가까운 세계 기아 인구의 고통을 함께 느끼는 것이다. 지금 이 시간에도 가혹한 노동에 시달리는 2억이 넘는 아이들의 처절한 아픔과 하나가 되는 것이다. 타인의 고통을 내 것으로 여기는 대자대비大慈大悲하고 동체대비同體大悲하는 '나'가 될 때, 나와 남, 인간과 자연의 경계가 사라질 수 있다.

　공자는 절사絶四를 통해 공인으로 나아갈 바를 보이고, 절사를 이룬다면 성인이 될 수 있음을 일러주었다. 그런데 성인이 되는 길을 나와 다른 세상의 일로만 어렵게 여길 필요는 없다. 한자로 '성聖'을 풀어보면 귀耳와 정壬의 합성으로 이루어져 있는데 耳를 뜻으로 삼고 壬을 소리로 삼고 있다. 즉 소통에 막힘이 없는 사람을 말한다. 예수님이나 부처님 같은 성인은 못 되어도 소통의 달인은 한 번쯤 도전해볼 만하지 않을까.

소통疏通은 인간이 개인화되고 파편화되고 있는 오늘날 가장 강력하게 대두되고 있는 화두다. 가정에서부터 국가, 세계에 이르기까지 소통이 절실한 시대라 하겠다. 그렇다면 어떻게 해야 소통을 잘하는 것일까?

소통을 잘하기 위해서는 우선 잘 듣고 말하는 연습이 필요하다. 그런데 잘 듣고 잘 말하기 위해서는 먼저 마음가짐부터 챙겨야 한다. 그러기 위해서는 자기의 마음이 어떤 상태인지를 알아야 한다. 자기 마음 상태를 들여다볼 수 있는 가장 좋은 거울은 모든 성인의 마음을 전하는 말씀일 것이다. 그중에서도 공자의 절사絕四는 현대인들에게 잘 어울리는 거울이라 할 만하다.

이 네 가지를 의식하고 실천하는 삶을 살다 보면 어느덧 아집으로부터 점점 자유로워지는 나, 점점 넓어지는 나, 그리하여 세상과 함께하는 나를 발견하게 될 것이다.

삶도 아직 모르는데 죽음을 어찌 알겠는가

未知生 焉知死

계로가 귀신 섬기는 일에 대하여 여쭈자 공자께서 말씀하셨다.
"아직 사람 섬기는 일도 능히 못하는데 어찌 귀신을 섬길 수
있겠는가."
"그러면 죽음은 어떠합니까?"
"아직 삶도 모르는데 어찌 죽음을 알 수 있겠는가."

季路問事鬼神 子曰, 未能事人 焉能事鬼

敢問死 曰, 未知生 焉知死

— 제11편 선진 11장

이 구절은 공자의 현실적이고 과학적인 면모를 잘 나타내고 있
다. 삶과 죽음, 종교에 대해 깊은 성찰을 하게 하는 대목이라
할 수 있다.

세상에 태어난 모든 사람들은 죽음이라는 절대적 과제를 안
고 산다. 이 근원적 공포로부터 자유로워지기 위해 종교를 찾는
다. 공자는 이 죽음에 대해 다음과 같이 말한다.

"잘 사는 것이야말로 죽음에 가장 잘 대처하는 길이다."

괴력난신怪力亂神을 논하지 않고, 인간의 참된 삶은 어떠해야 하는지를 여러 방면에서 현실적이고 구체적으로 말하고 있는 것이다. 알지 못하는 신의 세계나 내세來世를 이야기하는 대신 우리가 알 수 있고, 할 수 있는 인간의 길을 이야기한 것이다.

죽음은 인간에게 피할 수 없는 필연이다. 죽음으로부터 자유로워지는 길은 아집으로부터 자유로워지는 것 이외에는 없다. 모든 성인들의 말도 결국 동일하다. 종교화하면서 성인의 진의가 왜곡되는 경우는 있다 하더라도 살아서 아집으로부터 자유로워지지 않으면 죽음으로부터 자유로울 수 없다는 데 진의가 있다.

죽음이나 내세 등 형이상학적 질문을 하는 사람에게 부처는 독화살을 비유로 들어 이야기했다.

"어떤 사람이 독화살을 맞자 친족들이 의사를 부르려 했다. 그때 '아직 이 화살을 뽑아서는 안 되오. 나는 먼저 화살을 쏜 사람이 누구인지를 알아야겠소. 그리고 그 활이 뽕나무로 되었는지 물푸레나무로 되었는지 알아야겠소. 또 화살은 보통 나무로 되었는지 대로 되었는지를 알아야겠소. 그리고 화살 깃이 매의 털로 되었는지 독수리 털로 되었는지 아니면 닭털로 만들어졌는지를 먼저 알아야겠소.' 만약 이와 같이 말한다면 그는 그것을 알기도 전에 온 몸에 독이 번져 죽고 말 것이다."

부처가 깨달음에 장애가 되는 근본적인 세 가지 번뇌, 탐진치貪嗔痴(탐욕, 성냄, 어리석음)로부터 벗어나라고 한 것도 이에 해당한다.

예수도《성경》에서 다음과 같이 말하고 있다.

"가장 보잘것없는 이웃에게 한 일이 바로 나에게 한 일이다."

이 문장은 신을 섬기는 일에 앞서 사람을 섬기라는 공자의 말과 통한다. 신은 미지의 영역이지만 사람은 같이 살고 있는 현실적인 존재이다. 그런데도 미지의 신에 대해서는 지극 정성으로 섬기면서 정작 가까운 이웃에게는 냉담하다면 근본 바탕에서 어긋난 것이다. 모두 다 그런 것은 아니겠지만 신을 섬기는 바탕을 보면 결국 자기를 위하고 섬기는 경우가 많다. 신에게 이기적 복을 비는 기복신앙은 보험을 드는 심리와 크게 다를 것이 없다.

반대로 신의 존재에 대한 믿음이 영감의 원천이 되는 경우가 있다. 신을 섬기는 일과 이웃을 섬기는 일이 같은 것임을 자각하고 그것을 실천하는 것이 참된 종교인의 모습이다. 신에게 온전히 나를 맡기면 편해진다. 아집에서 벗어나기 힘든 우리 인간이 신에게 의탁해 거기에서 자유로울 수 있다면 그것이야말로 종교의 참된 역할이 아니겠는가.

인간은 왜 죽음을 두려워할까? 살려고 하는 것은 모든 생명체의 속성이라고 하겠지만, 살고 있는 중에도 죽음을 의식하고 두려워하는 것은 인간만의 특성이다. 누구나 피할 수 없는 죽음은 생명 일반의 자연스런 상태인데, 이를 두려워하며 시간을 보낸다면 삶을 온전히 살아내기 어렵다. 죽음도 자연의 일부라면 그것을 자연스럽게 받아들이는 것이 올바른 관념이다. '죽지 않는다'는 삶의 목표가 될 수 없다. '잘 죽는다'가 목표가 되어야 한다.

그런데 잘 죽는다는 것은 결국 잘 산 결과로 이어진다. 아집은 임종의 순간에 고통과 두려움의 근본 원인이 된다.

결국 아집으로부터 얼마나 자유로운 삶을 사느냐 하는 것이 편안한 죽음을 맞이하는 유일한 길이 아닐까 싶다. 죽음이 필연인 것을 알고, 편안한 죽음을 맞이하기 위해 죽음을 직시하는 것도 좋은 삶을 사는 방법이 될 것이다.

●

　죽음으로부터 자유롭다는 것은 인간으로서는 쉬운 일이 아닐 것이다. 그러므로 개인적 깨달음이나 결단에만 맡겨둘 일은 아닌 것 같다. 인간은 사회적 존재이므로 죽음의 문제도 사회나 문화 차원에서 접근할 필요가 있다. 인간이 죽음의 공포로부터 벗어나기 위해서는 사회적 차원에서 '나' 중심의 가치관을 넘어서는 노력을 기울여야 한다. 아리아욕我利我慾을 바탕으로 한 사회는 삶과 죽음을 올바르게 바라보는 문화를 만들기 힘들다.

　지금 사람들의 평균적 의식은 자본주의와 개인 중심의 민주주의가 잘 어울리는 측면이 있다. 근대 이후 현대에 이르기까지 인류 역사를 관통한 가장 큰 흐름은 억압된 개성을 해방하는 과정이었다. 그 과정에서 만들어진 시스템이 자본주의와 자유민주주의다.

　자본주의와 자유민주주의는 물질적 발전과 사회적 자유를 확대해 온 것이 사실이지만, 그 바탕이 개인의 해방에 있다 보니 소유와 이기의 자유를 극대화함으로써 오히려 가장 심각한 부자유, 즉 인류의 존속마저 위협하는 단계까지 오게 된 것이다.

　소유와 아집에 붙들린 삶 속에서는 진정한 마음의 평화를 얻을 수 없다. 이것을 바탕으로 구축된 사회와 문화 속에서는 어떤 종교도 그 본래의 가르침이 그대로 구현되지 못하고 변질될 수밖에 없다. 왜냐하면 모든 성인의 가르침은 무소유와 무아집에 있기 때문이다.

하지만 오늘날 진정한 자유는 결국 자기 관념 안에 있는 아집으로부터의 해방이라는 자각도 널리 퍼져가고 있다. 이런 문명차원의 위기의식과 인간의 궁극적 자유 욕구가 동인動因이 되어 새로운 사회, 새로운 문명으로의 전환이 이루어지리라고 본다.

이인 편에서 공자는 "아침에 도를 들으면 저녁에 죽어도 좋다"고 말한다. 개인적인 깨달음도 중요하지만, 이른바 도가 실현되는 사회가 될 때 비로소 보통 사람들도 삶과 죽음의 순환을 자연스럽게 받아들이며, 아침에 좋아하는 일을 하다가 저녁에 평화롭게 눈을 감을 수 있을 것이다. 죽음의 두려움 없이 삶을 아름답게 영위하는 것, 궁극의 이상향이 아닐까 한다.

논어, 삶에서 실천하는 고전의 지혜
ⓒ이남곡 2012

초판 1쇄 발행 2012년 2월 15일
개정판 1쇄 발행 2017년 3월 24일
개정판 2쇄 발행 2019년 5월 20일

지은이   이남곡
펴낸이   이상훈
편집인   김수영
본부장   정진항
기획편집   오혜영 김단희 허유진
마케팅   조재성 천용호 박신영 조은별 노유리
경영지원   이해돈 정혜진 이송이

펴낸곳 한겨레출판(주) www.hanibook.co.kr
등록 2006년 1월 4일 제313-2006-00003호
주소 서울시 마포구 창전로 70 (신수동) 화수목빌딩 5층
전화 02-6383-1602~3 팩스 02-6383-1610
대표메일 happylife@hanibook.co.kr

ISBN 979-11-6040-048-9 03150